El placer frustrado

Giorgio Nardone
Elisa Balbi
Elena Boggiani

El placer frustrado

Las paradojas de la sexualidad
moderna y su solución

Traducción: Patricia Orts

Herder

Título original: Il piacere mancato
Traducción: Patricia Orts
Diseño de la cubierta: Gabriel Nunes

© 2020, Adriano Salani Editore, s.u.r.l., Milán
© 2020, Herder Editorial, S.L., Barcelona

ISBN: 978-84-254-4573-6

Cualquier forma de reproducción, distribución, comunicación pública o transformación de esta obra solo puede ser realizada con la autorización de sus titulares, salvo excepción prevista por la ley. Diríjase a CEDRO (Centro de Derechos Reprográficos) si necesita reproducir algún fragmento de esta obra (www.conlicencia.com)

Imprenta: Liberdúplex
Depósito legal: B-15.546-2021

Impreso en España – Printed in Spain

Herder
www.herdereditorial.com

Índice

PREFACIO 9
1. TIEMPOS MODERNOS 11
   • Las relaciones en el mundo de la tiranía
     de la comunicación digital 18
   • Las relaciones y el sexo 24
2. LAS FRONTERAS DEL SEXO EN EL NUEVO SIGLO ... 29
   • El síndrome del sexo solitario 29
   • Autoerotismo y *cybersex* 31
   • El *identikit* del sexodependiente 36
   • El síndrome del sexo solitario en las
     nuevas generaciones 38
3. EL PLACER: SI TE LO CONCEDES, PUEDES RENUNCIAR
   A ÉL; SI NO, SE VUELVE IRRENUNCIABLE 41
   • El placer y sus paradojas 41
   • El placer de la transgresión 47
4. LAS DISFUNCIONES SEXUALES MASCULINAS:
   CÓMO FUNCIONAN Y CÓMO TRATARLAS 51
   • Eyaculación retardada: la paradoja
     de la mente 51
   • Trastorno del deseo sexual hipoactivo:
     la paradoja de la acción 58

- Eyaculación precoz: la paradoja de la razón .. 65
- Trastorno eréctil: la paradoja del cuerpo .. 74

5. LAS DISFUNCIONES SEXUALES FEMENINAS: CÓMO FUNCIONAN Y CÓMO TRATARLAS 83
   - Trastorno del orgasmo femenino: la paradoja de la sensación 83
   - Trastorno del deseo sexual y de la excitación sexual femenina: la paradoja de la mente ... 89
   - Trastorno del dolor genito-pélvico y de la penetración: la paradoja de la acción 99

6. EL *CYBERSEX* Y LAS NUEVAS FRONTERAS DE LA TERAPIA: CASOS CLÍNICOS 115
   - *Dirty talk:* un secreto a voces 115
   - Mirar, pero sin tocar: un trofeo para exhibir .. 120
   - Fobia al sexo: pornografía por error 125
   - Mario y su avatar: una doble personalidad ... 129
   - Si me dejas, te destrozaré: lo bueno y lo malo del *cloud* 133
   - La filosofía de la masturbación: la descarga física que impide el impulso psicológico .. 140

CONCLUSIÓN 145

BIBLIOGRAFÍA 147

Prefacio

El placer y su búsqueda, con frecuencia espasmódica, encarnan una de las paradojas más evolucionadas de la vida en la sociedad del bienestar: a una gama siempre amplia de posibilidades de experimentarlo corresponde una insatisfacción cada vez más creciente. Quienes se encargan de atender lo relacionado con la dependencia saben que la adicción exige unos estímulos cada vez más potentes para poder mantener el mismo nivel de placer, al igual que quienes se ocupan de lo concerniente a las disfunciones sexuales saben que cuanto más buscamos el placer más esquivo se nos muestra. «Lo máximo corresponde a lo mínimo» y el hombre moderno está cada vez más expuesto a ser víctima de su propio éxito en la creación de un mundo donde todo se puede obtener con gran facilidad subestimando el hecho de que el placer no implica sin más la eliminación del dolor y del esfuerzo y que, por el contrario, estos suelen contribuir a aumentar el deseo, que, a su vez, es esencial para satisfacer el placer.

En las últimas décadas esta y otras paradojas han generado lo que podríamos denominar «síndrome del placer frustrado», esto es, una serie de dificultades que a menudo se convierten en auténticas e importantes formas de psicopatología capaces de superar con creces la clasificación de los problemas estrictamente sexuales, pero que influyen de manera considerable en ellos hasta el punto de agravar nuevas formas de trastorno derivadas, precisamente, del intento de lograr el placer.

El trabajo de investigación empírica que desde hace más de treinta años llevan a cabo científicos y psicoterapeutas en el Centro de Terapia Estratégica de Arezzo con el fin de desarrollar terapias en paralelo a la evolución de las psicopatologías, tanto para mantener elevado el nivel de eficacia y eficiencia de aquellas como para permitir su adaptación a las formas emergentes de malestar psicológico, nos ha posibilitado establecer unas estrategias terapéuticas específicas incluso para el sufrimiento derivado del placer frustrado.

Este texto representa la expresión del trabajo realizado y muestra que es posible aplicar con éxito soluciones en apariencia sencillas a problemas tan complejos como estos.

Giorgio Nardone

1. Tiempos modernos

Según los datos de la Asociación de Matrimonialistas Italianos, el 30% de las parejas italianas no mantiene relaciones sexuales, no porque algo vaya mal, porque estén viviendo una crisis o porque existan problemas en la relación, sino porque, en realidad, este es el «secreto» de que su historia funcione. Sea como fuere, el caso es que el 20% de estas parejas acaba pidiendo la separación.

Dicho de otra manera, da la impresión de que en una sociedad cada vez más frenética y volcada en lograr una mayor eficacia y eficiencia tanto en el trabajo como en el resto de desempeños, la tendencia a concentrarse en objetivos personales e individuales está aumentando en detrimento de los objetivos colectivos y de pareja, tanto en hombres como en mujeres. Así pues, parece que la pareja ha cambiado. El hombre se muestra más amable y atento a las exigencias de su compañera y de sus hijos y prefiere el afecto a la virilidad. Como expresión del sentimiento y la complicidad, este viraje hacia la ternura y la presencia compartida puede ser un válido sustituto de una actividad sexual regular; sin embargo, cuando se prolonga demasiado en el tiempo puede llegar a transformar la relación. Así, los amantes se convierten en amigos y, cuando esto se produce, es difícil que tal transformación resulte reversible, lo que redunda en el considerable aumento de los denominados «matrimonios blancos», tanto en Italia como en el resto del mundo. Estos matrimonios no reflejan necesariamente una patología o un trastorno psicológico o de pareja. Sin embargo, para que todo vuelva a funcionar —antes de que sea demasiado tarde— es preciso recuperar el deseo a nivel fisiológico y de manera natural, siempre que el aparente desinterés sea transitorio y tenga su causa en otros problemas entre los cuales el sexo constituye la última de las preocupaciones; si, en cambio, el problema es estructural, será necesario recurrir a una terapia.

Aún más desconcertantes son los datos relativos a la frecuencia media de las relaciones sexuales en las parejas —una y media al mes—, junto con un aumento del autoerotismo, que en el caso de los hombres se ha triplicado respecto del pasado y que en el caso de las mujeres es incluso cinco veces mayor. Estos datos resultan más desestabilizadores si cabe si se contextualizan en una realidad como la actual, en la que el sexo se vive con muchos menos tabúes que en la época de nuestros abuelos, quienes a menudo solo copulaban para procrear y casi siempre lo hacían con la luz apagada. En efecto, es paradójico (Nardone y Rampin, 2005, 2015) que a una mayor libertad de expresión de la orientación y de la voluntad sexual le corresponda la exasperada posibilidad de negarse al sexo. Esto lleva a la asexualidad. La sinceridad a toda costa como símbolo de amor reduce el impulso libidinal, pues con ella disminuye la ambivalencia del secreto que las partes deben descubrir. Desde la liberación sexual se habla mucho de sexo pero se practica menos. A esto se añade el hecho de que cada vez resulta más frecuente el uso de las «aplicaciones para ligar», tanto entre adultos como entre adolescentes, mientras que, al mismo tiempo, las personas tienen más dificultades para abordar directamente a miembros de su propio sexo o del otro. Incluso la aceptación de las relaciones sexuales fuera del matrimonio suele representar una manera de poder permanecer en una pareja que no funciona, de manera que el amante se convierte en la parte complementaria a la que corresponde sostener una relación que saltaría por los aires por sí misma, con las inevitables consecuencias económicas, residenciales y de sostén de los hijos, demasiado difíciles de mantener y que, por tanto, conviene evitar.

La situación de los veinteañeros no es mejor, pues corren el riesgo de sufrir la abstinencia casi cuatro veces más que sus coetáneos del pasado, a diferencia de lo que supone el imaginario colectivo. Es lo que señala Jean M. Twenge, profesor de psicología en la Universidad de San Diego y autor del ensayo *iGen* (2018), que trata sobre los jóvenes dependientes de las nuevas tecnologías.

Los jóvenes de 20 años, más que los de otras edades, sufren por su escasa salud sexual y sentimental hasta tal punto que, según Twenge, algunos escriben guías para que los novatos universitarios eviten «contraer» sentimientos por alguien, como si los sentimientos fueran un virus que hay que vencer o tratar de no «contraer». Igualmente, para disminuir el riesgo de sufrir, el temor a la intimidad o a mostrar lo que uno es y lo que en realidad siente, los encuentros sexuales entre adolescentes suelen producirse bajo los efectos de sustancias y abusando del alcohol (Orenstein, 2016).

Entre los jóvenes de la generación de los hiperconectados, los primeros estadios de la relación se denominan *talking,* incluso aunque los interesados no departan en persona, cara a cara, sino escribiéndose, a menudo por

WhatsApp o por Instagram, de manera que el inicio de la relación, y a veces el final, suele tener lugar a través del medio tecnológico. De igual forma, la actividad sexual real suele sustituirse por la experiencia *online:* en el ordenador o en el móvil se mira a otros mientras hacen el amor, con el riesgo de generar unas expectativas irreales y el temor de no estar a la altura de la prestancia física y de la actuación de lo que se observa. A este comportamiento se asocia con frecuencia el autoerotismo, lo que incrementa aún más la posibilidad de desarrollar un trastorno obsesivo-compulsivo, el cual inhibe el deseo de tener relaciones sexuales reales o bien las impide de manera mecánica. Las jóvenes, por su parte, enseguida aprenden que un bonito «trasero» en pose puede hacerles ganar muchos más *likes* que la foto de sus caras, que suelen tapar con el móvil que utilizan para sacar la foto de sus cuerpos más o menos desnudos.

En cuanto al hecho de pasar de los primeros encuentros a una relación, a menudo se prefiere continuar sin comprometerse demasiado, incluso cuando se pasa del *talking* a la intimidad, contribuyendo de este modo a aumentar la práctica abierta del denominado *cushioning,* es decir, coquetear con otros para garantizar el recambio cuando la relación oficial deje de funcionar; del *catch and release,* es decir, dejar de inmediato a quien se acaba de conquistar; del *lemming,* esto es, abandonar a una persona en cuanto haya otra disponible, y, por último, del sexo ocasional como medio de gratificación inmediata pero sin mayores implicaciones.

Esta manera de interpretar las relaciones, caracterizada por cierta indiferencia, no disminuye los problemas relacionados con la posesión del objeto amoroso; lo mismo sucede con los que sofocan con sus atenciones a una joven que acaban de conocer *(love bombing)*, alternando los cumplidos con los arranques de ira y haciéndole creer a la amada que es indispensable para su felicidad cuando, en realidad, se trata de un simple intento de controlarla, como ha manifestado el psiquiatra y profesor de la Universidad de California (Los Ángeles) Joe Pierre en la revista estadounidense *Psychology Today.*

El medio tecnológico también ayuda a un buen número de solteros —que lo son por decisión propia— de entre 30 y 45 años, a los que les cuesta encontrar a su alma gemela, no tanto porque huyan de la relación en sí, sino por la edad, por las experiencias pasadas o por ciertas complicaciones contingentes y logísticas tanto personales como laborales o relativas a la familia de origen. Las redes sociales posibilitan estar en contacto incluso aunque los horarios de trabajo u otro tipo de relaciones no lo permitan. No obstante, el tipo de comunicación y la falta de contacto real tienden a estimular la obsesión y la compulsión por el envío y la espera de las respuestas, por el cálculo del tiempo que requiere la visualización del mensaje y los minutos que transcurren entre la visualización de este y la respuesta. Además, esta última puede ir acompañada de emoticonos más o menos adecuados, puede ser demasiado larga, demasiado corta o elusiva: al final, más que el contenido del mensaje lo que cuenta es la interpretación personal que el receptor haga de él.

Cuando termina una historia también lo hace, en caso de que haya existido, la presencia real, si bien no ocurre lo mismo con el rastro que esta deja en la red, que le recuerda a la persona cuánto tiempo llevan sus «amigos» sin noticias de ella y que decide qué *post* quiere enseñar en función de sus intereses o de las características de sus amistades: muestra imágenes, estados de ánimo, un álbum de fotos del maravilloso año transcurrido o invita a visualizar historias relativas a alguien que solo se desea olvidar. Quizá esta persona desapareciese con un «clic», y puede que incluso lo hiciera de repente y sin avisar, como les sucede a quienes, al cabo de varios años o meses de relación, se esfuman sin dar explicaciones, sin volver a enviar un mensaje o sin llamar, porque no tienen ganas de enfrentarse a la ira o al sufrimiento de la pareja, y así es más sencillo, o porque no saben qué decir, ya que no existe ninguna explicación aceptable para el final de un amor. Se trata del *ghosting* (del inglés *ghost*, es decir, «fantasma») y de su reciente evolución, el *zombieing*, que describe el fenómeno en el que la persona que ha dado por terminada la relación desaparece como un fantasma, esto es, se volatiliza sin dar explicación alguna, y de repente vuelve a aparecer como si hubiera resucitado y envía un mensaje, pone un *like* o comenta las historias de Instagram.

Algo así le sucedió a Victoria, que siempre estuvo enamorada de su primer amor, un chico al que había conocido en el colegio, y que, a lo largo del tiempo, vio cómo este se echaba su primera novia, se casaba, tenía hijos, amantes, se separaba y volvía a emparejarse. ¿Y ella? Ella siempre estuvo atenta a cualquier gesto que pusiera de manifiesto lo importante que era para él, de manera que interpretaba cada *like*, mensaje, comentario, llamada o cita (las cuales se producían en contadas ocasiones) como una demostración del hecho de que, mientras las demás mujeres acababan siendo abandonadas, ella permanecía ocupando su lugar. El problema era que, mientras él avanzaba, ella seguía suspendida, hasta que, en su enésimo cambio de estado, de soltero a comprometido, Victoria se miró al espejo y comprendió que había pasado demasiado tiempo como para empezar a sospechar que, quizá, las señales de presunta atención no presagiaban el nacimiento de una historia de amor. Cuando nos ocupamos de la historia de mujeres enamoradas y examinamos la de Penélope (Nardone, 2010), que es el guion femenino más antiguo en la relación de pareja, comprobamos que hoy en día esta virtuosa reina, que esperaba el regreso de su heroico marido haciendo y deshaciendo el tejido sin ceder a las adulaciones de los pretendientes, ya no representa a la esposa, sino a la amante. En este caso, la espera corresponde a la decisión del hombre de abandonar a la esposa, o a la compañera oficial, para poder vivir de manera plena la relación pasional. La mujer se engaña continuamente con respecto al hombre y su comportamiento bajo la ilusión de que, con su fiel espera, su esperanza de que algo cambie quedará justificada. Como es natural, tarde o temprano esta ilusión choca con la triste y dolorosa realidad de haberse enamorado de alguien que tiene bien poco de héroe y que difícilmente dejará a la otra o a su familia. Mediante su disponibilidad, su discreción, su presencia, compensando las carencias de la relación oficial, la amante/Penélope solo proporciona ventajas a un hombre que no se priva de nada. Se trata de un triángulo sentimental que se estabiliza y que crea un tipo de complementariedad que resiste las señales del tiempo, a menos que entre en juego una tercera persona que rompa los equilibrios.

Como el lector habrá podido deducir de esta breve introducción, los tiempos modernos se caracterizan, en lo concerniente a la sexualidad, por una especie de síndrome del «placer frustrado», es decir, un placer que se busca de manera compulsiva pero que muy pocas veces llega a realizarse. Esto se debe, por un lado, a que el espíritu de iniciativa, sobre todo en el hombre, se ha reducido al máximo y, por el otro, al refugio en el autoerotismo, una solución que la tecnología facilita cada vez más.

Las relaciones en el mundo de la tiranía de la comunicación digital

Cuando hablamos de «relación» nos referimos a una cualidad emergente derivada de la interacción de al menos dos entidades y en la que lo que deriva de ella no tiene nada que ver con los elementos originarios, como sucede en la naturaleza con el agua, producida por la unión de hidrógeno y oxígeno, pero con unas propiedades completamente diferentes de las de sus dos componentes.

Como ya hemos adelantado, la aparición de la tecnología en las últimas décadas ha dado lugar a unos cambios importantes en el modo de crear, estructurar o gestionar las relaciones. La relación mediada por las nuevas tecnologías se produce a través del contacto virtual eliminando todas las barreras y límites a los que, en cambio, debe enfrentarse quien se expone personalmente al contacto físico en sus distintos niveles de intimidad, incluso en lo sexual.

Tener relaciones *online* significa gestionar contactos a distancia sin hacer uso de la mirada, la atracción «química» o la exhibición de los cuerpos, pasando por alto, en apariencia, no solo el miedo a no gustar físicamente, sino también el temor a sentirse observado o al rechazo directo, la vergüenza de declararse o el paso de las palabras a los hechos, unos factores que a menudo se ven como impedimentos que frenan la evolución de la relación, que va del primer contacto a la instauración de la intimidad. El medio tecnológico reduce las distancias espaciales y permite a las personas que viven en polos opuestos del planeta conversar como si estuvieran en la misma habitación, a pesar de la falta del contacto directo preciso para crear sensaciones. A primera vista, pues, da la impresión de que el contexto virtual representa un acelerador de las dinámicas relacionales, sobre todo para las personas que se consideran «tímidas». Y si bien en un principio esto es cierto, luego puede convertirse en una trampa, ya sea por la dificultad de pasar del mundo virtual al real o porque la persona no soporta la confrontación con el personaje que se ha construido gracias al anonimato y a la falta de experiencia real. La falta de experiencia incrementa la discrepancia entre la persona que se desearía ser y la que se es, lo cual impide la generación de autoestima. En la mayoría de las situaciones la experiencia directa contribuye a poner las bases para superar los propios límites en el confrontamiento con uno mismo, con los demás y con el mundo, en parte mediante el aprendizaje «sobre el terreno» y en parte mediante el ejercicio constante y la puesta a prueba de uno mismo. Las personas que estamos describiendo carecen de las experiencias emocionales correctivas que, vividas y repetidas, convierten los aprendizajes en adquisiciones de modalidades de acción e interacción que se perciben como espontáneas y que, por tanto, forman parte del propio estilo cognitivo-emotivo (Nardone y Bartoli, 2019).

Sara, una joven a la que nunca le había gustado su aspecto físico porque no era precisamente atractivo y cuya manera de comportarse estaba muy lejos de la del prototipo de mujer que le habría gustado representar (quizá, en parte, porque no se aceptaba a sí misma), nunca había tenido una relación ni demasiados amigos, dado que se sentía rechazada e indigna de mantener contacto alguno. Le encantaba refugiarse en el mundo virtual de las redes sociales, y precisamente a través de un conocido canal digital había descubierto que existía la posibilidad de eludir la necesidad de contacto creando un perfil falso con contenidos, fotos y vídeos. En un principio, movida por la curiosidad, Sara diseñó su nueva identidad virtual y se convirtió en una especie de «Simone», la protagonista de *Simone* (2002), película de Andrew Niccol: una historia de ciencia ficción en la que, gracias a un *software* de su propia invención, el director de cine Viktor Taransky crea una actriz perfecta, Simulation One, llamada Simone, de la que acaba enamorándose, con las evidentes repercusiones en el mundo real. Al igual que en el filme, al principio la joven tiene un éxito inesperado en la comunidad virtual, que la adula, pero más tarde la aprisiona y, al final, llega incluso a perseguirla, como ella misma reconoce cuando, cansada de vivir una vida ajena que parece no tener salida, nos pide ayuda. La joven afirma que ya no sabe quién es, y que si antes le costaba mirarse al espejo ahora ni siquiera es capaz de salir de casa porque lleva escrito en la frente que es una persona despreciable, inadecuada para estar en el mundo: «Los demás lo saben, por descontado». Cuando le preguntamos a Sara qué es lo que saben los demás, ella nos mira como si fuéramos extraterrestres: «Saben que no soy quien digo ser y me juzgan por eso. Los demás me miran y hablan mal de mí; dicen que soy fea y que merezco todo lo que me está pasando por las mentiras que he dicho, por la manera en que he engañado a los hombres, que no sabían que tenía una mente diabólica. Es un auténtico desastre».

Ocultándose tras el instrumento tecnológico —en este caso el *chat* y la imagen ficticia que se ha creado—, Sara ha desarrollado una paranoia persecutoria que la ha llevado a retirarse del mundo real y a vivir una vida ajena en el virtual, con la consiguiente aniquilación de su identidad. El mismo medio que en un principio facilitó la interacción la empuja ahora a rechazar a los demás o a sentirse rechazada o apartada.

Ya hemos aludido al *ghosting*, un fenómeno relacional que no es nuevo, pero que en la actualidad resulta más frecuente que antes debido, precisamente, a la difusión de la comunicación a través de internet, ya que la red se utiliza para dejar a las personas. Se desaparece sin dar explicaciones sobre la propia vida a aquellos con los que, antes de producirse este hecho, se mantenía una buena relación, de los que incluso se estaba enamorado o eran amantes. Quien se marcha prefiere desvanecerse en la nada como un fantasma, sin previo aviso, para que todo tenga lugar de la manera más indolora posible y sin tener que asumir la responsabilidad del consiguiente sufrimiento ni tener que enfrentarse al posible juicio ajeno por el comportamiento de fuga, que en todo caso genera perplejidad y sentimiento de minusvaloración. En cualquier momento, como describió en 2019 Anna Oliverio Ferraris, profesora de psicología del desarrollo en la Universidad de Roma, «con un simple clic el *chat* enmudece, se deja de responder, se va *offline*, se desaparece».

Si la red puede influir en una relación hasta el punto de llegar a determinar su suerte, puede considerarse en sí una realidad socializadora capaz de afectar y moldear nuestras convicciones e ideas, incluidas las relativas al sexo. Asimismo, la visión personal de la sexualidad, que desempeña un papel fundamental en la psicología del individuo, modela la sociedad y tiene consecuencias en el bienestar tanto colectivo como individual. En este sentido, a menudo se oye hablar de fenómenos que confieren una connotación negativa a los instrumentos tecnológicos; sin embargo, constatar su existencia no significa tildarlos de patógenos en sí mismos ni considerarlos algo que deba evitarse por principio. Al igual que muchos de los descubrimientos e invenciones que se han producido a lo largo del tiempo, un instrumento no es bueno o malo en sí mismo; lo es su uso, y con mucha frecuencia las definiciones de carácter problemático derivan de generalizaciones inmerecidas, así como de una manera incorrecta de comunicar.

Veamos varios ejemplos. A menudo se habla del fenómeno de la «dependencia del *smartphone*» sin tener en cuenta que, dado que este no es una sustancia, sino una herramienta destinada a la comunicación interpersonal, no puede crear formas de dependencia asimilables ni comparables a las de aquella.

La obsesión compulsiva por los *selfies* se suele atribuir a la persona narcisista, pero en la clínica, más que al narcisista, esta aflige a quien no se siente atractivo e intenta, mediante retoques virtuales casi siempre excesivos, ser más deseable y mejorar la propia imagen entrando en una ficción en la que al final acaba creyendo.

También se habla de «histeria de internet» sin conocer el significado del término «histeria» desde un punto de vista funcional. En el tratado ginecológico *Sobre la naturaleza de la mujer,* Hipócrates, el médico que en ciertos aspectos fue precursor de los psicólogos, describe una serie de cuadros clínicos que atribuye al desplazamiento y a la sofocación del útero, que en aquella época se consideraba erróneamente un órgano móvil, con la posibilidad, en caso de patología, de emigrar a otras zonas del cuerpo de la mujer y provocar los síntomas específicos del cuadro (Garofalo, Lami, Manetti y Roselli, 1999; Tognazzi, 2008). La histeria, conceptualizada para indicar una insatisfacción visceral (Nardone, 2013), no tiene nada que ver con la necesidad de estar conectados, que como ya se dijo representa una dinámica comunicativa.

La expresión «depresión por falta de *likes*» ha entrado a formar parte del léxico común, de tal manera que constituye el tema central del episodio de una famosa serie en la que la protagonista, para escalar puestos en la clasificación de las redes sociales y coleccionar el mayor número posible de *likes,* parece dispuesta a hacer lo que sea para obtener la aprobación en el mundo real, si bien con dramáticos resultados. Se abusa tanto del término «depresión» que, en ocasiones, pierde las connotaciones propias del trastorno al que hace referencia al calificar una serie de problemas, por desgracia también por parte de los especialistas, que a menudo tienen muy poco que ver con el estado de ánimo del deprimido.

El mismo *cybersex,* que está considerado una forma de dependencia, con frecuencia se trata mediante la abstinencia voluntaria y la participación en grupos de encuentro, de un modo análogo a lo que hacen los alcohólicos anónimos, con unos efectos que en muchas ocasiones son más contraproducentes que terapéuticos; de hecho, la abstinencia solo aumenta el deseo de lo prohibido. Al mismo tiempo, compartir las propias experiencias o escuchar las ajenas amplifica las fantasías en vez de reducirlas, de manera que refuerza el deseo de realizarlas (Nardone y Cagnoni, 2002; Nardone y Rampin, 2005; Nardone, 2005).

Las relaciones y el sexo

Cuando se habla de sexo se abre un mundo relacionado con todo lo imaginable y lo inimaginable. Si tecleamos la palabra en internet accederemos a un sinfín de sitios que ofrecen consejos y proponen sugerencias y trucos para apasionar al otro o para aumentar el propio goce. Las diferentes revistas, ya sean semanales, mensuales o pseudocientíficas, hablan de los *sex shop* que hay que visitar con la propia pareja para favorecer la complicidad y proponen jugar con el *sexting* mandando mensajes picantes mediante correo electrónico o SMS, describiendo, por ejemplo, una fantasía erótica que potencie la carga de excitación. Pero eso no es todo; a menudo aluden a la importancia de concederse pequeñas transgresiones al dejarse llevar por el entusiasmo y consumar el acto sexual casi a escondidas, concentrándose en las sensaciones que se experimentan y siguiendo las fantasías de los demás eligiendo un lugar insólito o a través de un *role play* como, por ejemplo, el juego del rey y la reina o el *dirty talk,* con el fin de estimular las fantasías eróticas a las que el cuerpo reacciona.

Cabe preguntarse cómo es posible que el sexo, junto con los correspondientes consejos derivados más o menos útiles, constituya el tema central de numerosas columnas en periódicos, estudios, investigaciones y textos. ¿A qué se debe que se hable tanto de él cuando en realidad se lo practica cada vez menos? A pesar del aumento de los problemas relacionados con la sexualidad que presentan las nuevas generaciones *(GenX, GenZ)* respecto de los *baby boomer* también cabe preguntarse cómo es posible que sean más difíciles de clasificar que en el pasado. En el DSM-5 *(Manual diagnóstico y estadístico de los trastornos mentales)*

(2014), la última versión hasta la fecha, ya no se habla, por ejemplo, del «trastorno de aversión sexual» que, en cambio, estaba presente en la versión anterior, la IV (1995), en la que se definía como una «aversión persistente o recurrente extrema y el rechazo de todos o de casi todos los contactos sexuales genitales con una pareja sexual». Según un artículo publicado en la revista *Archives of Sexual Behaviour*, escrito por la psicóloga holandesa Charmaine Borg, del Departamento de Psicología Clínica y Psicopatología Experimental de la Universidad de Groninga (2017), el cambio de perspectiva que se produjo en la última actualización del DSM se debe a que la investigación que sostiene la existencia del trastorno de aversión sexual es insuficiente, a pesar de estar avalado por una evidente crisis de la intimidad. ¿Qué puede suponer, en términos de efectos concretos, la anulación de la actividad sexual? Patrick Carnes, experto en dependencia sexual (1997, 1998), ha introducido la expresión «anorexia sexual» para indicar la elusión compulsiva del sexo y de todo lo relacionado con él.

La ausencia de relaciones sexuales no solo representa un peligro para la salud de la pareja, sino que —si se prolonga en el tiempo— puede asociarse a una serie de efectos colaterales nocivos para sus dos miembros, si bien de forma diferente en las distintas edades y sujetos y también en función de las diferencias individuales.

La falta de interés por las actividades sexuales o las fantasías eróticas, la respuesta fría y distante a las insinuaciones sexuales de la pareja, la escasa o nula satisfacción sexual durante la relación son mucho más frecuentes de lo que se piensa, aunque no sean patológicas, en especial en las mujeres. En el estudio *Preside (Prevalence of Female Sexual Problem Associated with Distress and Determinants of Treatment Seeckin)* (2010), el 43% de las entrevistadas declaraba sentir poco deseo y el 22% una acumulación de estrés relativa al sexo.

Es frecuente observar, asociado a la interrupción o a la drástica reducción de las relaciones sexuales, un cambio general del organismo, de su reactividad y del humor, que también varía en función de la edad de los afectados. La reacción más inmediata tiene lugar en la libido, con una reducción del deseo y las fantasías sexuales o, al contrario, madurando una obsesión que impide a la persona dejar de pensar en el sexo (Nardone, 2003b, 2013; Nardone y Portelli, 2015), en un constante rumiar que funciona como una espiral que aprisiona (Nardone y De Santis, 2011). El efecto que esto produce en el físico y en la mente puede materializarse en un «sentimiento general de abatimiento», que no supone la depresión, a pesar de que a menudo se da una correlación significativa entre la ausencia de sexo y los síntomas depresivos. Desde un punto de vista principalmente fisiológico, una actividad sexual esporádica durante la menopausia puede afinar los tejidos vaginales y, en consecuencia, causar que las relaciones sean más dolorosas, además de una mayor dificultad de lubricación debido a la disminución de estrógenos.

Tal y como se observa en las investigaciones realizadas en el ámbito clínico, el estrés derivado de la falta de placer puede producir una sintomatología de tipo histérico que induce un estado similar al pánico, aunque diferente de este en cuanto a la intensidad y la duración de sus manifestaciones (Nardone, 2016).

Desde el punto de vista relacional, el efecto representa un rechazo del contacto íntimo con el otro que, si se prolonga en el tiempo, puede causar una generalización, ya que de la renuncia a la intimidad se pasa a una renuncia total al mundo exterior, en parte también debido a internet y al mundo virtual, que permiten mantener unas conexiones ficticias con los demás; estas, en el caso de sujetos predispuestos, pueden llegar a sustituir los contactos reales.

Algo similar se detecta en el exquisito fenómeno japonés de los *hikikomori,* que el psiquiatra Tamaki Saito introdujo en 1998 para calificar una forma de autoexclusión del mundo que los jóvenes que la practican consideran como la única solución posible, dado que creen ser inapropiados para la vida. Las profundas capacidades de autocrítica y autorreflexividad se asocian a unas dificultades relacionales concretas en los jóvenes que no se reconocen en el ambiente al que pertenecen. En la red, los *hikikomori* buscan amigos o potenciales relaciones sentimentales para poder superar unas inseguridades que, en su opinión, se amplifican en el contacto directo (Vrioni, 2017).

Tratándose de un proceso circular, en la actualidad aún no es posible definir en términos absolutos si las dificultades relacionales y la fatiga de estar en el mundo son las que incitan a la persona a recluirse o si, por el contrario, es el uso abusivo de internet el que provoca una progresiva alienación social. Sea como fuere, para los *hikikomori* la conexión *online* tiene como objetivo negar la realidad concreta y cotidiana, que se percibe como intimidatoria.

A pesar de que cada vez se habla más de él en Occidente, en concreto en Italia, gracias a la antropóloga Carla Ricci, este fenómeno tiene poco que ver con la cultura occidental. La percepción de la realidad como algo amenazador de lo que hay que defenderse nos lleva a asociar a los *hikikomori* a una percepción de tipo paranoico de sí mismos y de la realidad que no guarda relación alguna con los problemas relativos al placer ni con las dificultades estrechamente vinculadas a la falta de experiencias concretas o a la excesiva protección parental, típica de Occidente. En estos supuestos, la solución se encuentra de nuevo en la realidad, que incluso en el caso de los que prefieren la red para un primer contacto debería experimentarse cuanto antes mediante la frecuentación personal y la adquisición de experiencias relacionales en el terreno. Los niños y los jóvenes deberían educarse así desde que empiezan a tener sus primeros contactos con el mundo tecnológico, no solo para que no sean secuestrados y aprisionados por la red, sino para que aprendan a utilizar el mundo virtual, a amplificar la experiencia de la realidad sin sustituirla y a construirse un sentido de identidad personal y sexual propio en vez de perderlo en el éter o de no estructurarlo en absoluto.

2. Las fronteras del sexo en el nuevo siglo

> *Comete el más antiguo de los pecados*
> *de la manera más nueva.*
> William Shakespeare

El síndrome del sexo solitario

«Necesitamos nuevos métodos para estudiar fenómenos nuevos» (Nardone, 2018b), pero también examinar fenómenos que existen desde siempre con los ojos de la innovación y del progreso. Es bastante frecuente que «estar conectados» cueste menos que «estar sentimentalmente comprometidos» (Bauman, 2003), sobre todo cuando la conexión permite mantener el anonimato que protege de la exposición y de la relación con el otro, así como de los riesgos anexos y conexos, en especial al permitir la realización de experiencias que superan las fronteras de las fantasías eróticas imaginables.

En el ámbito mundial, la media de las relaciones sexuales en las parejas de entre 25 y 45 años es ínfima: una vez y media al mes, y resulta desconcertante en una pareja de cada diez: dos veces al año. De forma aparentemente paradójica, el porcentaje de las interacciones eróticas tiende a aumentar en edades más avanzadas; hoy en día, las personas mayores de 55 años tienen más relaciones sexuales que las menores de 30, y algunos afirman que la causa está en que los mayores de 50 años son torpes o no saben manejar las *new technologies* y la pornografía *online*. Otros expertos atribuyen este dato a la mayor inseguridad de los jóvenes, dado que estos han crecido en situaciones de menor socialización y de hiperprotección; otras investigaciones consideran que es consecuencia del uso de drogas en edad juvenil. Pero lo que se repite en los estudios y las observaciones críticas es que muchos de los que desean resolver problemas sexuales como la insuficiencia eréctil masculina o la anorgasmia femenina afirman que «raramente» tienen relaciones sexuales con sus parejas y que practican el autoerotismo con mucha más frecuencia, incluso varias veces al día, conectándose a internet. Como ya hemos subrayado, a una reducción del sexo en pareja corresponde un incremento del sexo solitario con apoyo tecnológico.

Las mismas relaciones virtuales que se instauran a través de los *chats* eróticos o de la *webcam,* que a menudo necesitan de la creación de identidades falsas, pocas veces derivan en encuentros y relaciones reales, ya que en apariencia protegen de posibles experiencias inadecuadas y garantizan el anonimato. Al respecto, Al Cooper (1998) habla de las tres «A» que juegan a favor de la creciente tendencia a optar por la sexualidad *online* en lugar de la real: *accesibility, affordability, anonymity* (accesibilidad, conveniencia, anonimato); de una sexualidad de interacción se pasa a una sexualidad cada vez más individual.

En un interesante estudio publicado en 2015 en *Frontiers in Psychiatry,* Weinstein y otros autores indagaron en la relación existente entre el *cybersex* y las relaciones íntimas, y detectaron que, con independencia del género sexual, el uso masivo de pornografía y de las distintas formas de sexo virtual desincentiva la iniciación y el mantenimiento de relaciones íntimas, y, por el contrario, favorece la estructuración de una compulsión basada en el placer autoerótico mediato y amplificado por la tecnología, que permite a la persona crearse mundos artificiales con efectos cada vez más reales.

Autoerotismo y *cybersex*

Tratándose de una práctica tan antigua como el mundo, el autoerotismo ha tenido varias connotaciones a lo largo de los siglos: pecado grave, vicio *contra natura*, distorsionador de la energía humana necesaria para amar, perversión, forma grave de lujuria o causa de ceguera son solo algunas de las definiciones propuestas del fenómeno desde una óptica represiva y condenatoria (Foucault, 2005). Una visión que empezó a tambalearse a finales de la década de 1940 gracias, en parte, a la investigación promovida por el biólogo estadounidense Alfred Kinsey, que en aquel momento causó sensación tanto por el tema objeto de estudio como por la amplitud de la muestra. El objeto de la valiosa investigación fue el comportamiento sexual del hombre (1948) y de la mujer (1953). El investigador, que según su mujer empezó a frecuentar cada vez menos el lecho matrimonial a medida que aumentaba su interés por el sexo, eliminó varios tabúes sobre el tema gracias a unas dieciocho mil entrevistas, de las que él realizó casi ocho mil, y que tuvieron como resultado la redacción del famoso «Informe Kinsey». Dicho informe cuestionaba la creencia, hasta ese momento obvia, de que la heterosexualidad y la abstinencia constituían la norma, tanto estadística como éticamente. Pero el dato más interesante para nosotros fue la evidencia, impensable hasta la fecha, de que más del 90% de los hombres entrevistados y casi el 60% de las mujeres practicaban el autoerotismo no solo para procurarse placer, sino, de acuerdo con la investigación de Kinsey, porque consideraban que tenía efectos beneficiosos para la salud. El autoerotismo ya no cegaba, como aseguraba la versión más revisionista y rígida, sino que reducía el estrés, favorecía el sueño, disminuía las contracciones menstruales y el riesgo de tumores, contribuía a aumentar las defensas inmunitarias y estimulaba la actividad cardiaca, por citar solo algunos de los efectos secundarios, más allá del placer en sí mismo. En algunos estudios recientes, de hecho, se alude al autoerotismo como una manera de superar la anorgasmia femenina (Rowland, Sullivan, Hevesi y Hevesi, 2018).

Al igual que con el transcurso del tiempo ha cambiado el significado atribuido al autoerotismo, también han variado los modos en que este se practica, reflejando los cambios sociales y llevando el ritmo del rapidísimo avance tecnológico que, como hemos visto, se ha convertido en protagonista en varios ámbitos de la vida del ser humano, incluido el sexual. Si en el pasado a un hombre le bastaba ver el pie desnudo de una mujer para excitarse, gracias a la liberalización del sexo y de las prácticas asociadas a este se ha pasado gradualmente al uso de la pornografía como parte indispensable del ritual autoerótico. En el pasado, la forma más rápida de procurarse material pornográfico era ir al quiosco, donde en el estante más alto y apartado se encontraban las revistas eróticas, llamadas con frecuencia «pornográficas». Se trataba de un material estrictamente «prohibido» a los menores y, por tanto, de difícil acceso. Además, y dado que había que pedírselo y pagárselo al quiosquero, era inevitable sentir vergüenza cuando se compraba.

En la década de 1960 la evolución tecnológica permitió el paso de la pornografía en papel a la cinematográfica con las llamadas «películas X», exclusivamente reservadas a un público adulto. Después, en la década de 1970 y a principios de 1980, llegaron las cintas de vídeo y las videotecas, donde por lo general, en una sala específica o en una zona aparte, se exhibían películas con títulos increíbles, que se podían comprar y ver en casa gracias al *home video.*

Desde comienzos del nuevo siglo y hasta nuestros días, es decir, con la aparición de las nuevas tecnologías, se han roto todas las barreras espaciales y ha hecho su aparición el *cybersex,* esto es, el uso de internet para fines sexuales, que infringe por completo la censura de lo «prohibido».

Una especie de «fantasía realizada» (Nardone, 2018a) ha contribuido a que algo que hace unos años parecía impensable no solo se haya vuelto real y posible gracias al *virtual sex,* sino que además haya llegado a las consecuencias más extremas y que sea aún más accesible.

Ya al alcance de todos y difícilmente controlable debido al advenimiento de internet, la introducción del *smartphone* permitió, hace al menos diez años, el acceso de manera constante a material pornográfico. Más aún, la monetización de los portales web y el uso siempre creciente de anuncios patrocinados, que con frecuencia se configuran en función de los intereses personales, facilitan la viralización de sus contenidos. Si, por ejemplo, tecleamos la palabra «sexo» en Google (donde, por lo demás, es una de las más buscadas) obtendremos noventa y seis millones de resultados; también es muy frecuente que varios sitios pornográficos aprovechen *nicknames* asociados a marcas conocidas o que los sitios pornográficos emulen el nombre de otros más famosos y utilizados, como es el caso de YouPorn, que evoca a YouTube. Esta forma de publicidad es tan efectiva que no solo la explota la pornografía, sino también aquellos que —y aquí entramos en un lenguaje propio de *hackers*—, para hacer que su sitio sea más visible y fácilmente accesible, lo indexan usando cadenas de caracteres copiadas y pegadas de los sitios pornográficos más famosos y populares.

En cuanto a los contenidos —que en los vídeos cargados en los sitios gratuitos satisfacen múltiples preferencias sexuales, desde las más tradicionales a las más transgresivas—, se trata de la difusión del sexo fácil, en especial excluyendo cualquier tipo de compromiso sentimental. Los modelos que se proponen son difíciles de alcanzar en la realidad, empezando por las dimensiones de los órganos genitales masculinos o del pecho femenino. También los coitos son extremos. Imaginemos las consecuencias que todo ello puede tener en un adolescente que, al haber llegado a la maduración sexual y a la pubertad, se enfrenta a la sexualidad tomando como referencia los modelos que propone la red. Se trata de cánones cuando menos poco realistas, por no decir inalcanzables.

Otra manera de expresar el eros y la pornografía en la red, que en ciertos aspectos representa una evolución, es la de los sitios o las aplicaciones que permiten participar en *chats* eróticos, ya sea mediante el intercambio de frases escritas o de mensajes de voz más o menos atrevidos como con sexo virtual a través de *webcam* o de videollamadas, con un tipo de participación que supera con mucho la visión solipsista del vídeo. Al ser interactivo, atrae e incita fácilmente a la persona a practicarlo cada vez más, llegando incluso a generar una auténtica dependencia.

De acuerdo con Portelli y Papantuono (2017), «todas las adicciones siguen un mismo modelo: al exagerar el consumo se produce la pérdida de control, es decir, el abuso. Después, si se repite, el abuso genera dependencia». Esta secuencia también es válida para el *cybersex,* si bien hay que precisar que no todos los que lo consumen se deban considerar clínicamente dependientes.

Según Kimberly Young (2001), pionera en el estudio de las dependencias de internet, denominadas IAD *(Internet Addiction Disorders),* el sujeto dependiente del sexo virtual puede presentar los siguientes síntomas clínicos:

— al principio, cuando entra casualmente en contacto con el *cybersex,* vive una experiencia de excitación y a continuación pasa a buscarlo de manera activa;
— transcurre mucho tiempo en *chatrooms* eróticas y en mensajerías privadas para practicar *cybersex;*
— utiliza la posibilidad del anonimato para expresar unas fantasías sexuales atípicas, que jamás comunicaría en un encuentro real;
— oculta a los demás sus interacciones sexuales en la red;
— siente culpa y vergüenza por el uso que hace de internet;
— se masturba durante los *chats* eróticos o mientras mira material pornográfico;
— considera que el *cybersex* es la principal forma de gratificación sexual, con la consiguiente reducción de relaciones sexuales reales.

Si el uso del *cybersex* se prolonga en el tiempo, si aumenta la frecuencia hasta sustituir los encuentros eróticos reales o si prima sobre ellos se puede hablar de «erosdependencia» (Nardone y Cagnoni, 2002), es decir, una auténtica compulsión basada en el placer sobre el que la persona pierde el control por completo, pues no puede privarse de él.

El *identikit* del sexodependiente

El *identikit* de las personas atrapadas por la red pornográfica estimula, ahora más que nunca, la curiosidad de los investigadores y los intentos de profundizar en un fenómeno que tiene un impacto relevante no solo en el individuo, sino también en la pareja y, en consecuencia, en la sociedad. Por muy atentas y variadas que sean las distintas observaciones epidemiológicas no podrán describir de forma exhaustiva la incidencia del fenómeno, ya que no logran detectar lo que está sumergido, y que en la actualidad predomina sobre lo declarado.

La metodología más utilizada para investigar este fenómeno es el cuestionario *online*, adecuado a la naturaleza de un tema tan íntimo y privado.

En Italia se ha llevado a cabo una investigación que se inscribe en un proyecto más amplio dedicado a la «SMS Generation» y orientado al estudio del usuario medio de sexo virtual (Squillace, 2003). Según dicho estudio, el usuario medio de *cybersex* tiene 32 años, está diplomado y trabaja como empleado, sin distinciones porcentuales de género. En cuanto al lugar, prevalece la conexión doméstica, aunque teniendo en cuenta que pasa muchas más horas en el trabajo que en casa, exceptuando las dedicadas al sueño y a la vida familiar, el ámbito laboral también se ve contaminado cada vez con más frecuencia, como lo atestigua el siempre creciente número de controversias entre empleadores y empleados internautas.

Los datos italianos, comparados con la investigación empírica análoga realizada por Al Cooper en 1998, muestran una interesante evolución del fenómeno tanto desde el punto de vista de su aumento como del de la prevalencia de género. En la investigación estadounidense, de hecho, se detecta que el uso masculino es cinco veces superior al femenino. En la actualidad se asiste a una parificación o, en todo caso, a una reducción notable del desequilibrio (Squillace, 2009).

Por lo visto, las horas transcurridas en la red con fines sexuales oscilan entre las once y las treinta y cinco semanales (Cosmi, Pierleoni, Simonelli y Fabrizi, 2009); los hombres hacen un uso más masivo de la pornografía, mientras que las mujeres parecen interesarse más por actividades virtuales de tipo interactivo, como los *chats*. Ellas están más orientadas a la relación que a la satisfacción solitaria del placer (Cooper, 1998; Cantelmi, Putti y Talli, 2001; Weinstein, Zolek, Babkin, Cohen y Lejoyeux, 2015).

En un reciente estudio de 2018, Carlo Foresta, profesor de endocrinología de la Universidad de Padua, evidencia que uno de cada veinte estudiantes es un adicto al sexo y consumidor habitual de sitios web pornográficos, lo que conlleva posibles consecuencias en el funcionamiento normal de su sexualidad. En cuanto a las personas de entre 60 y 70 años, la investigación (Castro *et al.*, 2017) indica que los hombres son los que más recurren al sexo *online* (70%) y que uno de cada cinco corre el riesgo de desarrollar una auténtica dependencia.

En resumen, la dependencia moderna al *cybersex* afecta a todos los grupos de edad, con una diferencia de género que tiende a aumentar con los años y que presenta un desequilibrio progresivo en el caso masculino. La diferencia de género influye de manera significativa en la tipología de los estímulos buscados, propensos a un tipo de satisfacción del placer solipsista en el hombre e interactivo en las mujeres. El fenómeno se encuentra en continua expansión, de ahí que se hable de un auténtico «síndrome del sexo solitario».

El síndrome del sexo solitario en las nuevas generaciones

El advenimiento de las *new technologies* también marca una línea divisoria en la adolescencia, considerada como una época de transformaciones corporales tanto en el sentido biológico como en el de los impulsos, que empiezan a hacerse sentir a medida que tiene lugar la maduración sexual. Explorando y experimentando, intencionadamente o no, nos acariciamos y nos tocamos hasta llegar al auténtico autoerotismo, y luego al orgasmo, a menudo animados por estímulos que proceden más del mundo virtual que del real.

Desde el punto de vista educativo, los padres que en *Modelos de familia* definíamos como «hiperprotectores» (Nardone, Gianotti y Rocchi, 2001; Nardone, 2012) ahora se definen como padres «helicóptero» (Greiner y Padtberg, 2019), es decir, son aquellos que, de manera inconsciente, contribuyen a desresponsabilizar a sus hijos y a cultivar su sentimiento de inseguridad respecto de sí mismos y de sus capacidades debido a un exceso de protección y control.

Los padres que no logran llevar el ritmo de los tiempos y tratan de controlar unas interacciones virtuales que, ya de por sí, son difíciles de manejar, siguen a sus hijos como sombras, intentan controlar sus vidas hasta el menor detalle y, como helicópteros de reconocimiento, los vigilan de manera constante. Esos padres se muestran dispuestos a salir corriendo para ayudar a sus hijos a resolver todos sus problemas. «Con las mejores intenciones se obtienen las peores consecuencias» (Wilde, 2019), en el sentido de que a menudo nos encontramos frente a un adolescente que, al estar hiperprotegido, se enfrenta a un cuerpo en transición y en vía de definición que con frecuencia no está a la altura de los modelos propuestos por el mundo virtual, con el consiguiente y ulterior incremento de experiencias inadecuadas y de temor al rechazo de los demás.

De esta forma, algunos de estos adolescentes tienden a tomar el camino más cómodo y eluden el mundo real en favor del virtual, donde pueden ser lo que quieran y como quieran, en especial con los demás usuarios de la red. El paso de un uso funcional del mundo virtual para las relaciones, y en especial para la sexualidad, a un uso defensivo puede ser muy rápido y representar una especie de refugio de los riesgos que conlleva la relación real.

Además, si es posible alcanzar la cúspide del placer ahorrándose el esfuerzo de cortejar y entablar una relación, sin tener que correr los riesgos del rechazo y la comparación y sin el menor juicio moral, ¿por qué arriesgarse? De esta manera, el síndrome del sexo solitario, línea de fuga de la realidad que se teme y se percibe como imposible de gestionar, se puede convertir en una obsesión compulsiva y, por tanto, en una especie de trampa que funciona mientras da placer, pero que aprisiona desde el mismo momento en que ya no es posible privarse de él. La persona «sube al enemigo al desván y le quita la escalera» (Nardone, 2003b; Nardone y Balbi, 2008, 2015; Nardone y Portelli, 2015), y lo hace a muy temprana edad, según los mismos datos, en este caso italianos —recogidos por el Telefono Azzurro en 2017 como parte de una muestra de seiscientos muchachos de entre 12 y 18 años, jovencísimos por tanto: cuatro de cada cinco, esto es, el 73%, declararon que visitaba sitios pornográficos y, de ellos, el 28% temía acabar siendo dependiente.

El *Homo sapiens* se está transformando en *Homo technologicus,* es decir, en alguien que cada vez está más en simbiosis con la tecnología, en una progresiva confusión entre lo natural y lo artificial (Longo, 2005).

3. El placer: si te lo concedes, puedes renunciar a él; si no, se vuelve irrenunciable

El placer es la única cosa sobre la que merece la pena elaborar una teoría.
Oscar Wilde

El placer y sus paradojas

Para Oscar Wilde el placer es «esa desmesurada pasión que constituye el secreto para permanecer joven» (Wilde, 2015); para Nietzsche es el «eje de la lucha por la vida» (Veneziani, 2010); «el medio más seguro de conocimiento» para Gabriele d'Annunzio (1990); para Ovidio (2019), «algo que debe prolongarse poco a poco, con lenta tardanza»; para Goethe, «una cerveza fuerte, tabaco aromático y una mujer» (2011); «el cebo del pecado» para Platón (1988); mientras que para san Agustín «no se puede vivir sin placer»).

Cuando pensamos en el placer solemos referirnos a una sensación que tiene una connotación positiva, a diferencia de lo que sucede con otras emociones como el miedo, el dolor o la ira (Balbi y Artini, 2009; Balbi, Boggiani, Dolci y Rinaldi, 2009; Mordazzi y Milanese, 2014), que a menudo se combaten porque impiden estar en paz con el mundo, sentirse bien, experimentar placer.

El placer es necesario, inevitable e imprescindible; no se adquiere ni es fruto de una reelaboración cognitiva; se da de forma instintiva, ya que es una de las cuatro emociones primarias (Nardone, 2019); con la experiencia aprendemos a administrarlo para obtener de él una ventaja existencial. De hecho, las emociones primarias tienen un objetivo de adaptación (Nardone y Balbi, 2008; Balbi y Artini, 2009; Nardone, 2017). Sin embargo, como sucede con cualesquiera de los recursos de los que estamos dotados, si no sabemos utilizarlo o no lo percibimos y, por tanto, no lo aprovechamos, el placer también puede convertirse en un límite en ocasiones impediente o incluso invalidante. Esto se da cuando, por ejemplo, se percibe como:

- un enemigo incontrolable al que hay que temer por miedo a perder el control de las propias reacciones;
- un perseguidor que nos hace sentirnos culpables, normalmente mediante la rigidez moral y/o educadora;
- un demonio que aturde prescindiendo de la voluntad personal;
- un objeto de deseo inalcanzable debido a la incapacidad de sentirlo, como en el caso de las «histéricas»;
- un objeto de deseo inalcanzable debido al intento obsesivo de obtener voluntariamente algo que debería ser espontáneo;

- un objetivo difícil de alcanzar de manera plausible y que, por tanto, debe sustituirse por cosas más fáciles de realizar, como en el caso del «sexo solitario».

Esas propuestas constituyen solo algunas de las posibles percepciones del placer que tienen en común el hecho de que, al inducir una sensación de falta de control, incitan a tratar de realizarlo (Nardone y Watzlawick, 1990; Nardone, Gianotti y Rocchi, 2001; Nardone, Loriedo, Zeig y Watzlawick, 2006; Nardone y Salvini, 2004; Nardone, 2015; Nardone y Bartoli, 2019) mediante un intento de dominio que, llevado al exceso, puede inhibir la posibilidad de abandonarse de forma natural, con la consiguiente paradoja de tratar de conseguir de forma voluntaria lo que debería ser espontáneo.

En términos descriptivos, imaginemos que queremos controlar nuestra respiración para condicionarnos con la mente a retener el aire hasta conseguir el mayor control posible hasta el punto de querer dominar una función fisiológica natural. Si, por una parte, este objetivo puede lograrse —pensemos, por ejemplo, en los deportistas que han batido récords como los nadadores que practican la apnea (Nardone y Bartoli, 2019)—, por otra parte, si se contiene la respiración sin poder identificar el límite en el que comienza la llamada «narcosis de nitrógeno» se corre el riesgo de favorecer una intoxicación cerebral que se manifiesta con una euforia similar a la que provoca el uso de drogas, que genera una forma de placer que, a su vez, impide la capacidad de juzgar. Este fenómeno resulta frecuente en las competiciones deportivas, en las que puede suponer una fuente de errores, en apariencia inexplicables, pero justificables desde un punto de vista fisiológico, como cuando no se pasa el testigo en una carrera de relevos. El mismo tipo de resultado se detecta en algunas perversiones sexuales, como una que está cada vez más de moda y que consiste en procurar o procurarse la asfixia comprimiendo las vías respiratorias con las manos o con distintos instrumentos hasta causar un principio de desmayo, considerado por los que lo practican una fuente de placer orgásmico.

Así pues, la sensación en la que convergen todas las variantes citadas, más allá de la experiencia concreta, es la falta de control que invita a aumentar el esfuerzo para poder dominar lo que se persigue, que está a un paso. Se trata, por tanto, de una paradoja planificada; algo parecido a lo que sucede cuando se intenta atrapar un gato negro en una habitación a oscuras: cuanto más corremos tras él, más se nos escapa, hasta que al final logra huir. ¿Cómo se puede atrapar un gato negro en una habitación a oscuras? Parándonos a esperar; permitiendo que el gato pueda escapar, saltar de un lado a otro, haciéndole creer que ha vuelto a engañarnos. Al final, el fugitivo se detendrá; al ver nuestra indiferencia se acercará a nosotros y, atraído por el calor de nuestra barriga, se acurrucará en nuestro regazo ronroneando y aceptando nuestras caricias.

Esto es el placer, que, por tanto, funciona de acuerdo con una lógica paradójica: cuanto más intentamos experimentarlo y más nos concentramos mentalmente para obtener con un acto voluntario lo que debería producirse de forma natural y espontánea, más se aleja la posibilidad de alcanzar y sentir las sensaciones que deseamos.

Además, dicha paradoja se puede expresar de varias formas, que caracterizarían las distintas maneras en que se manifiesta el mismo problema. Quien al no llegar a sentir placer niega tanto su necesidad como su satisfacción, aumenta la carencia: cuanto más finjo que no necesito el placer y más lo necesito, más lo niego y más lo deseo.

Quien teme verse abrumado por el placer, por no poder gestionarlo o por no sentirlo, tiende a evitarlo por precaución y a engañarse al pensar que domina la situación que lo azora. En el acto mismo de evitación no solo se limita la sensación de eficiencia y capacidad personal, sino también su radio de acción. En un principio, la persona se siente protegida, pero a la larga se convierte en un león enjaulado.

En un mecanismo paradójico que lo arrolla, quien se deja dominar por la ilusión de poder privarse del placer acrecienta su deseo cuanto más se reprime. Es algo similar a lo que sucede con el deleite de la comida: en el preciso momento en que me niego algo, más aumenta mi apetito.

También se da el caso de quien, inicialmente empujado por una urgente necesidad de placer, la secunda de tal manera que no puede privarse de ella y se convierte en víctima de un intento de control tan absoluto que se transforma justo en lo contrario. Esta dinámica es característica de los problemas relacionados con el placer compulsivo.

En el límite se encuentra el denominado *sensation seeker*, para quien la búsqueda continua del placer a menudo representa el estímulo, la motivación y el objetivo de su actuación, sin una ruta precisa y con una estructura personal indefinida, siempre a merced de una corriente, por tanto, *borderline* (Nardone, Balbi, Bartoletti y Vallarino, 2017).

En los casos citados, y también en los distintos problemas que iremos examinando, nuestro objetivo terapéutico consistirá en hablar de las soluciones que se han intentado y que no han dado resultado para proponer otras que sean funcionales. Frente al trastorno sexual de pareja, el primer paso será identificar de qué tipo de relación se trata, más allá del problema sexual en sí mismo y analizando cómo funciona el sistema en relación con cada cual, con los demás y con el mundo, también desde el punto de vista de los papeles que se representan y de los valores éticos o morales de la pareja, que pueden influir en la expresión de la sexualidad de sus dos miembros. El placer se utilizará como una herramienta ventajosa que hay que secundar, concederse o aprender a administrar para facilitar el proceso terapéutico en uno mismo y para lograr crear un círculo virtuoso donde antes había un problema. La mejor manera de cultivar el placer es, por lo demás, no hacer ningún esfuerzo mental para experimentarlo ni tratar de resistirse a él. Tomando prestadas las palabras de Oscar Wilde, «la única manera de librarse de la tentación es ceder ante ella», pero esta provocadora afirmación del gran escritor no debe interpretarse al pie de la letra, ya que debemos concedernos placer para gestionarlo. Planificar el placer en espacios y tiempos acordados nos permite disfrutar de él, pero sin que nos arrolle. En este sentido, cambiando la máxima de Oscar Wilde afirmamos que: «Si te lo concedes, puedes renunciar a él; si no, se convierte en algo irrenunciable», aunque especificando que dicha concesión debe realizarse en espacios, tiempos y modalidades que nos permitan administrarlo (Nardone y Balbi, 2008; Nardone, 2010; Bergami, Bossi, Ongaro, Rossi y Speciani, 2014; Nardone y Speciani, 2015; Nardone y Valteroni, 2017).

Esta concesión, a su vez, resulta un recurso para la pareja y para sus miembros en las tres relaciones fundamentales que mantienen consigo mismos, con los demás y con el mundo en un círculo virtuoso y recurrente. «Cultivar actividades apasionantes», en otras palabras, además de representar «una búsqueda emocional», contribuye a «abrir la mente a nuevas perspectivas» y es una «fuente de nuevas intuiciones» (Nardone y Bartoli, 2019).

El placer de la transgresión

Paradójicamente, la transgresión a menudo deriva de la imposición de un sistema de reglas que nos vemos obligados a respetar limitando los impulsos y la naturaleza misma del ser humano, que, como ya sabemos, está gobernado por equilibrios homeostáticos, pero no por normas. En otras palabras, la transgresión es fruto de la imposición de unas normas rígidas y restrictivas de comportamiento erótico que hacen emerger unos instintos transgresivos irrefrenables hasta tal punto que, llevándolo al extremo, se dice que detrás del más rígido de los moralistas a menudo se oculta un desviado sexual. En este momento no nos interesa examinar ni resaltar las tipologías de conductas sexuales extremas, que no forman parte del tratamiento de los trastornos relacionados con la sexualidad y con el placer, sino que prevén otras maneras de intervención que quedan fuera de nuestro campo de acción.

No obstante, pensamos que, para ofrecer una panorámica exhaustiva de las modernas formas de transgresión que podemos encontrar, es importante aludir también a las prácticas eróticas transgresivas más frecuentes, denominadas asimismo «formas de sexualidad no convencional», que pueden prever o no la participación de la tecnología y que tienen como único fin la obtención del placer.

Fabrizio Quattrini (2013), un psicoterapeuta que se ocupa de clínica de las parafilias y de la psicopatología sexual, propone distinguir entre cuatro niveles de transgresión: las «experiencias *soft*», las «prácticas *kinky*», el área «BDSM» y la *new technology.*

Las «experiencias *soft*» son vivencias, fantasías que se desvían de la sexualidad convencional y que pueden compartirse solo verbalmente con la propia pareja, sin necesidad de concretarse. Se trata, por ejemplo, de los distintos lugares donde se experimenta la sexualidad, del uso de objetos para procurarse y dar placer o de *friends with benefits,* es decir, del intercambio de placer sexual entre amigos que no forman parte de una relación sexual tradicional, que juegan con el erotismo sin monotonía, pero, por encima de todo, que no tienen prejuicios ni tabúes.

Las «prácticas *kinky*» hacen referencia a un tipo de erotismo extravagante, curioso y alejado de los convencionalismos, en el que unas formas de sexualidad estándar se integran en prácticas atípicas. Es el caso, por ejemplo, del *ponyplay,* también denominado «perversión aristotélica», en el cual uno de los miembros de la pareja se disfraza de caballo luciendo prendas de piel y complementos y oficia de animal de arrastre o de monta. En cambio, los *adult baby* son sobre todo hombres a los que les gusta pasar la mayor parte del día como si hubieran vuelto a la infancia. Esta regresión permite alejar los pensamientos y las preocupaciones propias de la vida cotidiana y experimentar el cuidado y la afectividad que no se han tenido en la familia.

La sigla «BDSM» abarca el *bondage,* la dominación y la disciplina, el sadismo y el masoquismo. Este tipo de transgresión tiene reglas precisas y claras, consensualmente aceptadas, y los participantes son informados de los riesgos que conllevan las correspondientes prácticas, en un juego seguro que resulta agradable porque en él se comparte de forma no convencional el placer erótico sexual que comporta el uso de fetiches como látigos, cuerdas, fustas y prendas de cuero o de látex.

Por último, el aspecto transgresor del área de la *new technology* aplicada a la sexualidad está representado por la posibilidad de experimentar imágenes fuera de lo común en un contexto enmarcado por el anonimato, que libera las tendencias expresivas del individuo. Los *chats*, las redes sociales, las comunidades virtuales y la pornografía apuntan hacia unas formas de curiosidad transgresoras en las que el fetiche constituye el instrumento tecnológico que, en el caso de algunas personas, puede desarrollar una auténtica compulsión. Respecto de las prácticas anteriores, las relaciones que se instauran a través del ciberespacio no solo son transgresoras, en el sentido de que permiten exhibir la propia creatividad sexual sin exponerse en carne y hueso, sino sobre todo en la medida en que, como ya hemos visto, permiten relacionarse sin necesidad de arriesgarse personalmente, sin tener que mostrar la propia vida (que con frecuencia no es tan interesante), la verdadera manera de ser o de pensar concretamente en la cotidianidad, en favor de una realidad ficticia inventada que, como ya sabemos, demasiado a menudo produce efectos concretos (Watzlawick, 1990).

Cuando se presentan, los comportamientos alejados de la norma se califican como una perversión de la sexualidad si causan un malestar clínicamente significativo o si comprometen al sujeto en el área social, laboral o en ámbitos importantes del funcionamiento personal y si no tienen carácter episódico, sino que se extienden en el tiempo (Nardone y Rampin, 2005, 2015).

4. Las disfunciones sexuales masculinas: cómo funcionan y cómo tratarlas

El sexo es una trampa de la naturaleza para no extinguirse.
Friedrich Nietzsche

Eyaculación retardada: la paradoja de la mente

La eyaculación retardada se da en hombres que pueden tardar horas en llegar al orgasmo durante el acto sexual, hasta tal punto que pierden las ganas y el deseo de ir más allá o se resignan a prácticas diferentes de la penetración o del sexo con su pareja y, por tanto, a la falta de eyaculación.

En la mayoría de los casos, el hombre que es capaz de controlar la eyaculación hasta conseguir no eyacular no busca una terapia, a menos que esto suponga un problema, como, por ejemplo, cuando solo alcanza el orgasmo con las eyaculaciones involuntarias nocturnas, es decir, en ausencia total de control. La evolución más frecuente es la del hombre que solo logra eyacular masturbándose y que, por tanto, practica la masturbación con frecuencia para llegar al orgasmo de manera mecánica y afectando sin darse cuenta la calidad de sus relaciones.

En un principio, el retraso se vive en el imaginario masculino como una estrategia que permite aumentar el placer de la compañera. En la mayoría de los casos, todo funciona mientras se tiene la oportunidad de tener varias parejas sexuales que es probable que aprecien una capacidad de este tipo. El problema empieza a percibirse cuando la relación se prolonga en el tiempo y la compañera se siente cada vez menos deseada y menos capaz de excitar a su pareja, pues considera el orgasmo como la coronación de la relación sexual y el primer indicador de que este la desea.

En ese momento, el hombre busca el control mental tratando de abandonarse de forma voluntaria hasta «desconcertar» al cuerpo, que cuanto más intenta relajarse más se tensa. El fracaso, imputado a un esfuerzo insuficiente, empuja a intensificar este ulteriormente, que a su vez impide el abandono y acaba inhibiendo la sensación física debido a la paradoja del «sé espontáneo» (Watzlawick, 1979).

En resumen:

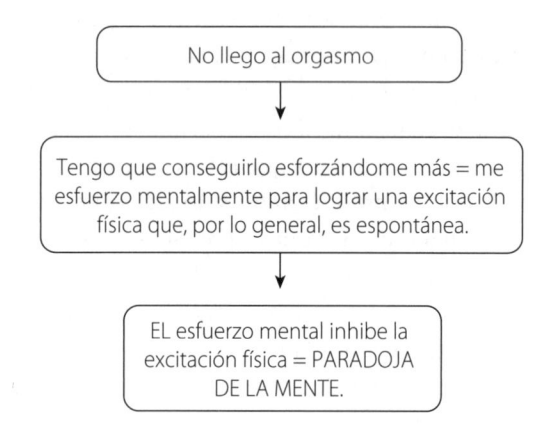

```
┌─────────────────────────────┐
│     No llego al orgasmo     │
└─────────────────────────────┘
              │
              ▼
┌─────────────────────────────────────────────────┐
│ Tengo que conseguirlo esforzándome más = me     │
│ esfuerzo mentalmente para lograr una excitación │
│ física que, por lo general, es espontánea.      │
└─────────────────────────────────────────────────┘
              │
              ▼
     ┌─────────────────────────────┐
     │ EL esfuerzo mental inhibe la│
     │ excitación física = PARADOJA│
     │      DE LA MENTE.           │
     └─────────────────────────────┘
```

Una pareja casada desde hace solo tres años viene a vernos debido a un problema que él denomina «fuga», es decir, falta de eyaculación. Se trata de un problema antiguo, que apareció por primera vez hace ocho años, cuando en uno de los esporádicos encuentros con la que entonces era su novia se produjo el desastre: «De repente… tac… y a partir de entonces… ¡siempre ha sido así», exclama él. Luego, una vez fue bien, otra no, hasta que después de la boda la pareja empezó a convivir y a partir de ese momento el final fue invariablemente el mismo.

Los dos se dirigieron a una compañera que trató de resolver su problema aplicándoles varias soluciones: ejercicios de aproximación, juegos como la masturbación recíproca, mimos, atenciones, regalos inesperados o viajes románticos, en los que solo estaba prohibida la penetración. Abstenerse de mantener relaciones es una prescripción que suele utilizarse para bloquear el intento de solución paradójica que consiste en ponerse a prueba experimentando con el propio fracaso, con el objetivo de que la prohibición incite a la transgresión. Pero en nuestra pareja no era necesario bloquear ningún intento de ponerse a prueba, dado que los dos tendían a evitar las ocasiones de encuentro; por otra parte, siendo los dos unos perfectos obsesivos, jamás habrían incumplido una prescripción. Un último aspecto consiste en que, en esta variante específica de trastorno sexual, el problema solo se presenta en el contexto de la penetración: la persona funciona bien en los preliminares, tanto en el papel activo como en el pasivo, de manera que impedir la penetración y concentrarse en la parte que funciona puede generar problemas donde no los hay. Los preliminares se vuelven artificiosos y se transforman en una puesta a prueba compulsiva por parte de los dos miembros de la pareja que inhibe el placer.

Así pues, los dos aplicaron siempre las estrategias que les había propuesto nuestra compañera, que a pesar de ser inmejorables quedaron reducidas a unas tareas artificiosas que, a pesar de que la pareja las realizaba con diligencia, no mejoraban la relación sexual. Hasta que ambos depusieron las armas y abandonaron la terapia, en parte porque lo que antes era un mero problema sexual podía convertirse en un problema conyugal en una pareja que había empezado a evitar las relaciones no ya por la indicación dada, sino para no arriesgarse a crear ulteriores decepciones perjudiciales para la unión que, según los dos, estaba peor que en el momento en que habían iniciado la terapia.

En cuanto a nosotros, decidimos trabajar directamente con él tras explicarle que, en nuestra opinión, no se trataba de un problema de pareja, sino de uno mental específicamente suyo.

Este primer paso los tranquilizó mucho sobre la solidez de su unión.

TERAPEUTA: Veamos... la deseo, es la mujer que quiero, me gusta, quiero vivir la situación lo mejor posible, llego hasta allí, pruebo... me bloqueo... y, extrañamente, funciona si me masturbo solo.
ÉL: Sí, funciona.
TERAPEUTA: Sin problemas.
ÉL: Exacto.
TERAPEUTA: Entonces, no funciona aunque su mujer le toque... ¿han probado con los juegos eróticos?
ÉL: Sí, pero no han dado resultado.

TERAPEUTA: Bueno, bueno, está bien. Y ahora, ¿cómo gestionan su erotismo? ¿Mantiene la erección hasta que la penetra a pesar de que no logra eyacular?

ÉL: Eso es.

TERAPEUTA: Si realiza un coito con su mujer, ¿cuánto puede durar sin perder la erección?

ÉL: No lo sé, nunca lo he pensado.

TERAPEUTA: En ese caso, disculpe, ¿es capaz de satisfacer al máximo como hombre a su mujer?

ÉL: Sí.

TERAPEUTA: ¿Es usted el que no queda satisfecho?

ÉL: Exacto.

TERAPEUTA: Entiendo, pero ¿por qué no le satisface?

ÉL: Porque quizá… nos lo tomamos demasiado como… no como un juego sino…

TERAPEUTA: ¿Como un deber?

ÉL: ¡Un deber!

TERAPEUTA: Vale… Veamos; cuando un joven llega a su primera vez suele tener miedo, se pregunta si estará a la altura de la situación. Este temor, sin embargo, suele superarse porque el deseo es tan fuerte que la naturaleza sigue su curso. En la mayoría de los trastornos sexuales la mente va contra la naturaleza, ¿entiende? La mente bloquea la naturalidad de un hecho espontáneo. Me parece que están haciendo lo más peligroso: como usted no puede eyacular al final de la relación están castrando toda su sexualidad; en cambio, creo que como hombre debería asumir la responsabilidad de hacer gozar al máximo a su mujer. La incapacidad es suya, no de la pareja.

ÉL: Pero he venido… he venido por mí…, a fin de cuentas, he venido por mí. El problema es solo mío, no es suyo.

TERAPEUTA: Sí, pero se convierte en un problema común, dado que debido a su problema no tienen relaciones sexuales como deberían.

ÉL: En ese caso, quizá se trate de dos problemas.

TERAPEUTA: Exacto. Han creado dos problemas y solo hay uno, pero no solo: la solución de su problema depende de que no se cree el segundo problema, porque este no permite solucionar el primero. Le parecerá extraño lo que voy a decirle, pero estoy convencido de una cosa: si vuelven a tener relaciones sexuales como pareja y usted penetra a su mujer con el único objetivo de procurarle el mayor placer sin darse cuenta, llegará un momento en que todo volverá a funcionar como por arte de magia; en cualquier caso, ahora debe hacerlo para que su mujer se sienta bien.

ÉL: Pero ¡yo he hecho todo lo posible para que mi mujer se sintiera bien!

TERAPEUTA: Exacto, pero no ha hecho lo fundamental: no están teniendo relaciones eróticas. ¿Dónde se ha equivocado la doctora? Les ha indicado que evitaran justo lo que deben seguir haciendo, es decir, mantener relaciones y que en ellas usted haga lo posible para que su mujer tenga el mayor placer posible. De esta manera se evita que aparezca el segundo problema, que impide que se resuelva el primero. Su problema se desbloqueará por sí solo si impide que aparezca el segundo. Así pues, mi consejo es que durante el próximo mes trate de, cómo decirlo, de seducir...

ÉL: ¡Haré todo lo que pueda!

TERAPEUTA: Tenga todas las relaciones sexuales posibles con su mujer para que ella esté lo mejor posible y no surja el segundo problema. Así solucionamos el primero. Además, usted no debe esforzarse por eyacular; lo único que debe hacer es procurar que su mujer se sienta bien. Como usted tiene la erección, puede permitírselo.

ÉL: Puedo permitírmelo.

TERAPEUTA: Volveremos a vernos dentro de un mes, ¿de acuerdo?

ÉL: ¡Perfecto!

No volvimos a vernos al cabo de un mes porque el hombre llamó y nos dijo que no tenía sentido volver, ya que el problema no solo se había resuelto, sino que, además, los dos eran más cómplices que nunca. Con su llamada lo único que quería era darnos las gracias en su nombre y en el de su mujer.

¿Qué había sucedido? Cuando nos encontramos con el problema descrito en una relación satisfactoria desde el punto de vista de la complicidad y de la complacencia íntima de la pareja, en primer lugar debemos suponer que un exceso de control mental obsesivo inhibe la posibilidad de abandonarse. Nuestro objetivo será engañar a la mente en dos niveles: el primero es el de la cognición, y el segundo, que además representa la experiencia emocional correctiva, es el de las experiencias concretas que suscitan sensaciones.

Para lograr el desbloqueo, sintonizándonos con la racionalidad del hombre y con su tendencia a afrontar cerebralmente el problema, propusimos en primer lugar un punto de vista alternativo respecto del funcionamiento de su bloqueo al introducir la temida idea de que, si insistía en la tentativa de control, estaba añadiendo un problema a otro, es decir, el de la pareja, que para el hombre era aún más nefasto que el sexual. A la vez, pidiéndole que concentrara toda su atención en su mujer, paradójicamente había dejado de esforzarse en controlar sus sensaciones, y lo único que buscaba era darle placer a ella y, con ello, mantener su funcionalidad. En otras palabras, haciendo gozar a su mujer hicimos creer a su mente que estaba actuando de manera activa para combatir un problema que, en realidad, él había conseguido vencer sin luchar. De hecho, acabando con el control favorecimos que las sensaciones físicas naturales —que cuando se liberan ayudan a abandonarse al placer— emergieran de forma espontánea. El resultado fue «hacer subir al enemigo al desván y quitarle la escalera» (Nardone, 2003b): la solución del problema no solo es deseable, sino inevitable (Nardone y Balbi, 2008).

Trastorno del deseo sexual hipoactivo: la paradoja de la acción

En el deseo sexual hipoactivo se trata de provocar voluntariamente lo que debería suceder de forma espontánea en una búsqueda obsesiva de las sensaciones que al final impide sentirlas. El aspecto que desde el punto de vista funcional diferencia esta tipología de la paradoja de la precedente es el hecho de que mientras en el caso del orgasmo retardado el placer está presente, pero no culmina en el orgasmo debido a un exceso de control, en el caso de la ausencia de deseo estamos ante una trampa más refinada. De hecho, es como si la persona pretendiera obligarse a sentir placer cuando no lo experimenta, tratando de construir con la mente algo que debería producirse de manera visceral, pero sin conseguirlo. Pero eso no es todo: en el primer caso, la mujer se siente deseada porque existe una erección, así que es difícil que el problema sexual se convierta en poco tiempo en un problema de pareja. En cambio, cuando se trata de ausencia de deseo, la compañera no sabe si gusta o no lo suficiente y esto degenera rápidamente en una obsesión insidiosa que puede hacerle interpretar, incluso cuando no es así, la falta de deseo como falta de amor, y llevarla, en un momento de auténtica confusión, a aplicar una serie de estrategias que, más que favorecer la seducción, aumentan la obsesión. Normalmente, más que actuar para resolver el problema, la pareja habla de él, con el resultado de que, una vez más, este se desplaza a nivel cerebral: de esta forma, se intenta comprenderlo racionalmente para resolverlo, eludiendo las sensaciones y el abandono, que, en cambio, dan miedo. Esto genera una situación muy similar a la del hombre que busca la llave que ha perdido bajo una farola, a pesar de saber que no la ha perdido allí, solo porque fuera del círculo luminoso está oscuro.

Con el tiempo, la reiteración de esta paradoja disfuncional produce, como resultados más frecuentes, que la pareja evite las relaciones, recurra a prácticas autoeróticas y hasta llegue a romper la relación debido a un alejamiento progresivo o a la búsqueda de la excitación en otros lugares.

En resumen:

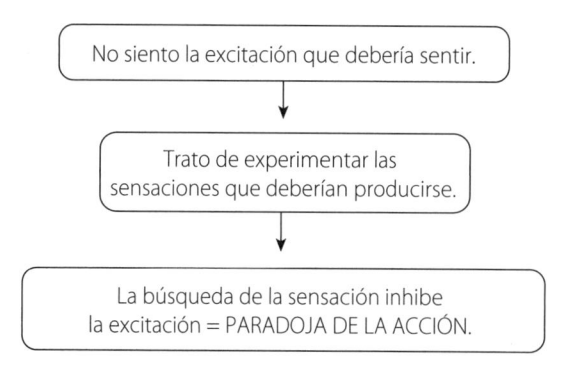

```
┌─────────────────────────────────────────────┐
│ No siento la excitación que debería sentir. │
└─────────────────────────────────────────────┘
                      ↓
┌─────────────────────────────────────────────┐
│         Trato de experimentar las           │
│      sensaciones que deberían producirse.   │
└─────────────────────────────────────────────┘
                      ↓
┌─────────────────────────────────────────────┐
│      La búsqueda de la sensación inhibe     │
│  la excitación = PARADOJA DE LA ACCIÓN.     │
└─────────────────────────────────────────────┘
```

Veintidós años juntos, de los cuales diecisiete son de matrimonio, suponen muchos intereses en común y amigos; son cómplices, almas gemelas. Él la considera la madre ideal para sus hijos; ella siempre lo ha visto como un apoyo al que, a la vez, debe cuidar, hasta tal punto que nunca han considerado la falta de hijos como un problema ni una carencia real. Todo parecía perfecto, salvo una cosa: su vida sexual nunca había sido excepcional y con los años había ido disminuyendo progresivamente hasta llegar a ser casi inexistente, exceptuando unas únicas vacaciones juntos en las que todo había sido perfecto, de manera que la pareja había empezado a sopesar seriamente la idea de adoptar un niño. Al volver a casa, y después de tres días de satisfactorio erotismo, los dos se habían lanzado con más entusiasmo aún al proyecto común de emprender una actividad y, a medida que el proyecto avanzaba, su intimidad se iba deteriorando de nuevo y los dos se sentían muy cansados.

Pablo y Francisca llegan a nosotros en una situación de «silencio erótico» que dura varios meses, en la que ninguno de los dos busca al otro. Al principio la mujer intentaba seducir al marido, pero después, mortificada por el repetido rechazo, empezó a respetar sus tiempos hasta que, al final, dejaron de tener contactos íntimos. Entonces, en una continua contradicción, el marido al que rechazaba empezó a sentir que le faltaba algo y, mirando alrededor, se había dado cuenta de que tenía al lado un Ferrari, pero aparcado en el garaje: era muy afortunado porque su mujer era guapísima, pero también muy desafortunado porque no sentía pasión por ella. Además, la mujer se había cansado de estar aparcada y protestaba: para resultar lo más atractiva posible adelgazó 40 kg, empezó a hacer deporte y trató de aumentar la carga erótica de los encuentros vistiéndose de forma especial y acercándose a su marido de manera más constructiva y seductora. El resultado no cambió. El hombre mantuvo su rechazo: a pesar de que se había aplicado para que la situación cambiase, se había dado cuenta de que cuanto más lo intentaba más se acentuaba un extraño mecanismo que le hacía perder la erección durante la relación y solo le permitía recuperarla si imaginaba que lo hacía con otra mujer. Así pues, a partir de ese momento empezó a evitar caer en la tentación de su mujer y trató de procurarse placer con el autoerotismo, que en la actualidad sigue suponiendo una costumbre habitual que solo le posibilita experimentar ciertas sensaciones si imagina que mantiene relaciones con otras mujeres, aunque sin llegar al engaño efectivo. En este caso, el bloqueo no consiste en llegar al coito, sino en la aproximación y en los juegos eróticos, porque, como él afirma: «Sobre todo, no me apetece, no me inspira; si antes empezaba y luego no funcionaba, ahora ni siquiera tengo ganas de empezar».

Según reveló la investigación, el intento de solución que entrampa es evitar *a priori* las relaciones por ausencia de deseo. La excepción que, en cambio, debe utilizarse es el hecho de que, cuando deciden estar juntos, incluso sin sentir deseo, los dos funcionan. Le pedimos al hombre que hiciese un experimento: «Durante el próximo mes haga un pequeño esfuerzo y bese un poco a su mujer, compórtese como un hombre complaciente, aunque solo sea una cuestión de ternura y no tenga un tono erótico, ¿de acuerdo? Así que bésela todos los días con afecto y cuando estén en la cama; mímela sin ninguna pretensión erótica; abrácela, acaríciele el pelo, bésele las mejillas, las orejas. Esta será su terapia durante un mes. Procure que no pase un solo día sin haberla mimado, tanto durante el día, con besos tiernos y afectuosos, como durante la noche, abrazándola estrechamente, mimándola. Antes de nada hay que crear una intimidad de los cuerpos sin erotismo; luego pasaremos a él, ¿de acuerdo? Después le explicaré cómo funciona todo, pero antes debe hacer lo que le digo».

En la siguiente sesión el hombre nos contó que después del primer encuentro, al que también había asistido su mujer, los dos habían dado un paseo por el centro y él había tenido la impresión de que entre los dos se había instaurado cierto romanticismo. Luego, al volver a casa, empezó a hacer los deberes y enseguida todo fue bien; según sus propias palabras: «Desde el primer día tenía ganas de hacer el amor, dos veces, con satisfacción. Más tarde, por la noche, me desperté soñando que tenía relaciones sexuales con mi mujer; me entraron ganas de hacerlo, pero no llegué al final… y ahí terminó todo». Por lo visto, todo había ido bien hasta que el hombre se había topado con la primera dificultad, a la que había reaccionado volviendo a aparcar el Ferrari en el garaje. Los primeros quince días le gustaba besarla y, en todo caso, se sentía contento y confiaba en que las cosas podían arreglarse; tenía la sensación de haber sido víctima de un hechizo. Sin imponérselo, dejó de recordar con nostalgia los momentos más bonitos y apasionados que había vivido con su mujer, que lo devastaban y le hacían ver una situación sin futuro. En cambio, las cosas no habían funcionado particularmente bien en los últimos quince días: había vuelto a pensar en el problema y en el deseo de cambiar, lo que le producía una fuerte irritación, hasta tal punto que había dejado de comportarse de manera romántica y había empezado a evitar de nuevo las tentaciones, a pesar de que en los últimos días la confianza había aumentado ligeramente.

Analizando lo que el hombre nos había dicho, versión que tenía ciertas diferencias respecto del guion anterior, enseguida comprendimos lo que había sucedido: se había comportado como un caballero romántico durante las dos primeras semanas, pero en las dos siguientes había pretendido hacer el amor y había fracasado.

Esto fue lo que le dijimos:

—Ahora comprenderás por qué te dije que te comportaras de manera romántica; normalmente, en las parejas con muchos años a la espalda, el hombre, y en menos ocasiones la mujer, pretende tener el tipo de pasión casi animal que lo empuja a poseer como en los cuadros medievales. Poseo con las pezuñas, con los cuernos, de manera animal, pero entre dos personas que llevan juntas tanto tiempo y han compartido tantas cosas esto solo se produce algunas veces, de manera eventual, debido a algo imprevisible. En cambio, puedes vivir mejor, como de hecho sucedió, una dinámica romántica en la que ya no exista esa parte que querrías recuperar del pasado, por evidentes motivos. Sobre todo, esto tiene lugar si también en el pasado la dinámica era más romántica que pasional y se volvía pasional en virtud, precisamente, de su carácter romántico […]. Así pues, en este momento debes cultivar la parte romántica, que no es inferior, sino también pasional aunque de diferente manera. Luego, cuando logres vivir una relación romántica, distinta de la pasional, durante cierto tiempo veremos si sigues sintiendo la necesidad de tener una relación de asalto rapaz, animal, porque puede que descubras que te has construido esa necesidad como una pseudojustificación de tu incapacidad. […] Pero esto hay que verificarlo. Para conocer las cosas hay que cambiarlas; las soluciones son las que explican los problemas; no son las explicaciones las que llevan a las soluciones. Así pues, ahora la indicación fundamental es: busca con tu mujer romanticismo, intimidad y complicidad y a ver qué pasa. Procura no hacer nada distinto de lo que siempre te ha constituido y sigue concentrándote en los mimos, en el afecto. Luego, si surge, surge, y si no, pues nada; si lo quieres forzar, lo inhibes; si surge y lo quieres dirigir hacia la animalidad, lo inhibes. Sueñas con hacer lo que nunca has hecho. [...] Es evidente que el gato doméstico sueña con robar la comida a pesar de no estar adiestrado para hacerlo, pero también es evidente que para el callejero, que sabe cómo cazar, que es capaz de luchar hasta el final con otro gato, la comida más maravillosa es la que se le ofrece. Son los gatos los que adoptan a las familias, no las familias las que adoptan a los gatos. Creo que te he comunicado un mensaje muy claro, ¿verdad?

Después de esta comunicación reestructurante y emotivamente evocadora, nuestro hombre se convirtió de nuevo en el príncipe azul y todo volvió a funcionar no como antes, sino mejor, buscando esa ternura que se transformaba cada vez más en pasión para después, una vez terminada la relación, regresar. La bola de nieve se transformó en un alud imparable de cambios, y dado que los aludes no deben frenarse ni empujarse, mantuvimos la ruta procurando no añadir ni quitar nada. Volvimos a ver al hombre más tarde, en los habituales *follow up,* con el único propósito de comprobar que todo seguía yendo bien.

¿Qué había pasado? Una intervención en apariencia mínima había permitido redefinir los roles y el tipo de relación, y además había hecho emerger las sensaciones de forma natural. Para obtener esto, nuestro primer objetivo había sido interrumpir el intento de solución que consistía en evitar la relación para intervenir después en la puesta a prueba obsesiva de la búsqueda de la pasión, que invariablemente fracasaba. Al pedirle al hombre que se concentrara en el comportamiento romántico *habíamos surcado el mar a espaldas del cielo:* habíamos engañado a la mente para que se concentrase en otro lugar, para que el deseo volviera a surgir en la pareja. Todo se había llevado a cabo sin introducir nada trascendental, sino tan solo volviendo a insinuar en la relación la semilla vital del erotismo vivido, que, una vez arrojada a un terreno fértil, gracias, precisamente, a la presencia en él de la simiente, solo podía dar fruto.

Eyaculación precoz: la paradoja de la razón

La eyaculación precoz es el trastorno sexual que más pone al hombre al borde del abismo. Si la falta de erección muestra que no se es el hombre que se espera, eyacular precozmente mina el propio sentimiento de potencia sexual respecto de la capacidad de satisfacer a una mujer. Desde el punto de vista funcional o de la principal solución, que se intenta y que mantiene el problema, la paradoja de tratar de conseguir que el coito sea lo más largo posible esforzándose por no llegar a la cúspide de la excitación lleva a obtener justo lo contrario: cuanto más se repite el hombre que no debe eyacular, más rápidamente llega al orgasmo.

El tipo de insatisfacción que atenaza a quien sufre eyaculación precoz es singular: desde una perspectiva mental, en él se verifica un *shift* de búsqueda de sensaciones y del intento de abandonarse a la duración de la relación. Por un lado, esta se convierte en la medida de la propia eficacia sexual; por otro, es el índice más significativo de la menor o mayor posibilidad de satisfacer a la compañera. La duración de la relación se convierte en el único centro de atención y en el primer objetivo, y justamente en el intento de prolongarla se acorta cada vez más, hasta que, en algunos casos, se produce una eyaculación *ante portam*. La mera idea de «tengo que durar más», de hecho, desconcierta al cuerpo y produce, poco a poco, una sensación de ineficacia personal devastadora, exacerbándose el sentimiento de debilidad de quien lo experimenta, con un posible riesgo para la relación. Además, el hombre debe frenar la excitación que lo lleva a eyacular precozmente, lo que le produce ansiedad, le impide relajarse y vuelve a causar la falta de control. Es decir, cuando trata de dominarse, pierde el control.

Así pues, en este problema, y a diferencia de lo que hemos visto para los demás trastornos, el control de las sensaciones y de la excitación solo podría considerarse un efecto del control de la duración de la relación, que se concibe como una demostración fundamental de virilidad y de capacidad de satisfacer a la compañera, y eso es muy perjudicial.

En resumen:

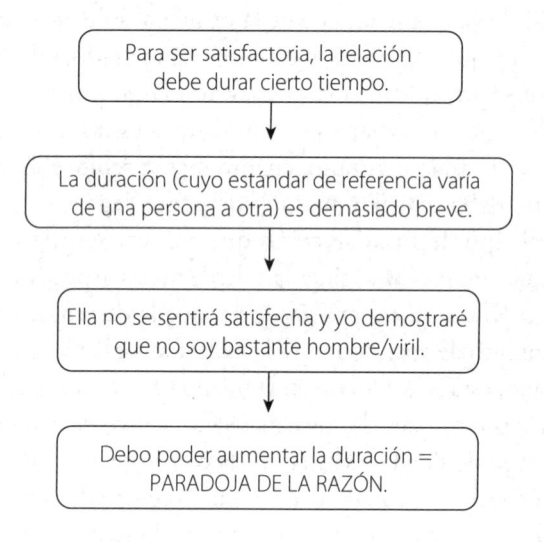

> Para ser satisfactoria, la relación debe durar cierto tiempo.

↓

> La duración (cuyo estándar de referencia varía de una persona a otra) es demasiado breve.

↓

> Ella no se sentirá satisfecha y yo demostraré que no soy bastante hombre/viril.

↓

> Debo poder aumentar la duración = PARADOJA DE LA RAZÓN.

En este caso, la indicación electiva se compone de dos fases que combinan la aplicación de una contraparadoja:

—Hasta que volvamos a vernos, cada vez que tengas un encuentro erótico deberás terminar el primer coito lo más rápidamente posible y concentrarte en el segundo al cabo de una media hora o cuarenta minutos. En tu opinión, ¿cómo le gusta más a las mujeres? ¿Crees que a las mujeres les gusta más el martillo neumático o un león apasionado que termina el coito en unos segundos? Piensa que un león macho, cuando posee a una hembra, tiene un orgasmo cada dos segundos unas cincuenta veces. Así pues, concéntrate en la segunda relación y no en la primera. Termina la primera lo más rápidamente posible porque después está la segunda, una vez que hayas mimado a tu compañera. Esta relación durará el tiempo necesario para que ella quede totalmente satisfecha.

Esta maniobra reestructura por completo la percepción de la actuación y la manera en que esta es percibida por la mujer, que funciona de forma distinta al hombre. Para la mujer lo primero es la pasión de su hombre, después su potencia. Además, desde el punto de vista fisiológico la mujer no funciona como una bomba hidráulica, sino mediante aumentos de placer progresivos y variables hasta que alcanza la cúspide en una *escalation,* que no decreta necesariamente el final de la relación y que prevé la posibilidad del multiorgasmo. Tranquilizado por la escasa importancia de la primera relación, en un porcentaje superior al 50% es frecuente que también el primer coito dure más de lo previsto, dado que el intento de solución basado en el control que crea la paradoja está bloqueado. De esta forma, el segundo coito, que tiene lugar al cabo de cierto tiempo, es aún más agradable.

El porcentaje de resultados positivos de esta indicación supera el 90%, como le sucedió a Ernesto, un hombre de éxito que había vivido pocas situaciones difíciles y no se había mostrado ineficaz en ninguna actividad. Incluso cuando la realidad no procedía exactamente como había imaginado, atribuía la responsabilidad a los demás, que no se habían esforzado lo suficiente, no le habían concedido bastante espacio, se habían comportado de forma oportunista, habían intentado engañarlo o, en todo caso, estaban equivocados. El problema serio empezó cuando, después de una serie de relaciones intrascendentes, Ernesto conoció a la mujer de su vida. Fue el clásico flechazo, según sus propias palabras. Él se dio la vuelta sin un motivo especial, ella llegó y sus ojos se encontraron en una mirada que de inmediato hizo saltar chispas, lo que, a su vez, les hizo sentir un escalofrío en la espalda y los dejó mudos a ambos, pero sobre todo sin aliento. Ella era amiga de un amigo de él. Además de guapa, es una mujer inteligente, no solo desde el punto de vista cognitivo, sino también social y relacional; es una gran profesional, pero desea tener una familia; su apariencia es llamativa, aunque sobria e impecable cuando se arregla: jamás exagerada ni molesta para un hombre acostumbrado a estar en primer plano y ser el centro de atención. A una mujer así no hay que dejarla escapar; al contrario, hay que conquistarla, no solo para poder llegar a ella, sino también para conservarla. Por otra parte, según la manera de pensar de Ernesto, para que un hombre sea percibido como tal debe saber comprender a la mujer para cortejarla y conquistarla, para poder protegerla, pero al mismo tiempo poseerla, en una alternancia que genere la íntima complicidad que caracteriza un vínculo que no se agota en una relación banal, sino que va más allá de ella y que perdura. En este punto cabe preguntarse dónde estaba el problema, teniendo en cuenta que Ernesto había vivido con éxito más de una experiencia. El problema no era tanto lo que debía hacer, sino la expectativa con la que estaba cargando sin darse cuenta: no podía fracasar y, cuando pensaba que no podía permitirse una derrota, por primera vez en su vida empezó a contemplar mentalmente esta posibilidad, aunque aún de forma inconsciente. La tensión erótica aumentaba cada vez que salían y, en cada ocasión, antes de ver a su ángel y antes de que la proximidad justificara una fantasía semejante, nuestro hombre sentía tanto deseo que por primera vez experimentaba una emoción desconocida. Luego, una noche, algo que debería haber sido un encuentro propio de *Las mil y una noches* se transformó en lo que él mismo denominó un «encuentro propio de un bar nocturno». En realidad, en un principio no daba la impresión de que hubiera ido tan mal; mejor dicho, ella no parecía descontenta; como mucho, parecía extasiada y aturdida por la fugacidad de las maneras y por la intensidad de las sensaciones vividas.

—Pero, ya se sabe, las mujeres saben fingir. Miro el reloj —las 23.09 horas— y mi mente, como en un *flash,* retrocede exactamente cuatro minutos, es decir, al momento en que, con un gesto torpe causado por el ímpetu, se me cayó el móvil al suelo y pude ver la hora —las 23.05—, por lo que comprendo que, desde el primer beso, que había coincidido con el inicio de la relación, hasta el instante en que mi mente se había vuelto a conectar, solo habían pasado [dice lo siguiente mientras cuenta con los dedos] uno, dos, tres, cuatro malditos minutos.

Mientras contaba esto, Ernesto esbozó, sin apenas disimular, una sonrisa asimétrica que, a quienes lo estábamos mirando, nos pareció más bien una mueca sarcástica. Observándolo bien, además de esta se entreveía otra similar a un llanto contenido y contrito: parecía una especie de Pierrot disfrazado de Joker.

Entonces le pedimos a Ernesto que acabara de contárnoslo, y terminó diciendo que, a pesar de que no había hablado de lo sucedido con nadie, ni siquiera con su mujer, en su mente había pasado algo, un clic; que en su mente había empezado a insinuarse el tormento de no ser lo suficientemente viril y, por tanto, de no poder ser considerado un hombre a todos los efectos; de que, hasta ese momento, quizá solo había sido un bluf «porque es demasiado fácil funcionar bien con alguien que no te interesa». Los acercamientos siguientes fueron más bien ansiógenos al principio, si bien Ernesto los vivió rodeado de un halo de miedo que, poco más tarde, se convirtió en la conciencia de que no iba a ser tan eficaz como era necesario. Esto lo empujó, en especial cuando se sentía menos en forma de lo habitual, a tratar de disimular al principio, prolongando los preliminares y reduciendo la relación al mínimo para poder justificar su escasa duración y satisfacer a su compañera. A la vez, antes de cada relación se autoestimulaba. Este gesto había llegado a convertirse en una especie de ritual mecánico preventivo-propiciatorio que, sin embargo, no tenía efecto alguno a la hora de su desempeño.

Ernesto logró ocultar el problema y no involucró a su ángel, su enamorada, pero llegó un momento en que empezó a pensar en romper con ella por miedo a estropearlo todo.

Después de haber resumido lo que nos había dicho para redefinirlo, y tras haberlo tranquilizado diciéndole que se trataba de un caso de nuestra competencia, completamos la faena retándolo ya que suponíamos que, dado lo mucho que sufría, estaría dispuesto a probarlo todo para resolver el problema. De hecho, además de este dilema puntual, estaba flaqueando la seguridad que Ernesto había tenido en sí mismo en tiempos pasados, hasta tal punto que en el diálogo solía repetir: «Creía que sabía quién era; en cambio, ya no me reconozco; me miro al espejo y veo a otra persona, una persona que no me gusta, es muy injusto».

Le adelantamos que, quizá, entre todas las consideraciones hechas, había pasado por alto un pequeño detalle. A continuación volvemos a un punto específico del relato de Ernesto, en el que, mientras nos describía la primera relación que había tenido con su angelical amada, nos había dicho que, según él, la relación había sido tan fulminante que no podía haber sido satisfactoria. Pero ¿cómo había reaccionado ella? Le hacemos reflexionar sobre el hecho de que si ella hubiera tenido la misma percepción que él quizá habría reaccionado de forma distinta o, suponiendo que fuera una mentirosa consumada, al terminar la relación lo habría abrazado sin decir ni hacer nada o se habría levantado de la cama, pero no habría tenido el impulso de lanzarse sobre él, mirarlo a los ojos y besarlo en la boca como una quinceañera.

—Si hizo eso, puede que entonces se pueda estimar algo que para una mujer es más sencillo de valorar que para un hombre, esto es, que la duración de la relación no es tan determinante a la hora de decir si esta ha sido o no eficaz, si la relación tiene el ímpetu típico de la pasión más desenfrenada. Dado que esta podría ser solo una hipótesis, que tenemos que intentarlo todo y que debemos despejar la duda, de aquí a dos o tres semanas haremos un experimento. Para empezar, debemos interrumpir todo lo que contribuye a que te percibas y a que los demás te perciban como lo que no eres: un evitativo. Solo los medrosos esquivan los obstáculos o escapan de los problemas, y pensamos que estamos en lo cierto cuando afirmamos que tú no eres así. Así pues, deja de evitar esa forma paranoico-depresiva, que no es propia de ti. En segundo lugar, y en referencia a la consideración que hemos hecho con anterioridad, debemos proceder para validar o desmentir nuestra nueva hipótesis y lo haremos de forma científica, por decirlo de alguna manera. Cuando os veáis y entréis en el ámbito de la intimidad, como sabéis hacer tan bien, evita refrenar la pasión que ella te suscita apenas te roza; al contrario, debes abandonarte a la pasión más desenfrenada. Haz todo lo que el instinto, la parte más animal de ti, te pide que hagas; poséela como haría un guerrero bárbaro, que toma a su mujer para satisfacer los placeres carnales antes de emprender la siguiente batalla. Una vez hecho esto de la manera más avasalladora y pasional que puedas, la mimarás y la estrecharás entre tus brazos mientras la acaricias dulcemente durante una media hora. Luego iniciarás un nuevo coito. Esta vez deberás ser tierno y delicado, como sucede en las películas románticas; así pues, dedicarás toda la tensión emotiva a satisfacerla hasta lo más profundo de su alma. En el fondo, si efectivamente ella es lo que tú dices que es, la virtuosa no puede ser solo virtuosa: también debe ser un poco bruja, porque si no, sería incompleta. Así pues, para conservarla tienes que cultivar los dos aspectos. De no ser así, el riesgo es que aparezca un hombre cualquiera que le haga perder el juicio y ¡adiós muy buenas! Es evidente que para que esto sea posible debes interrumpir todos los actos autoeróticos previos a la relación.

Ernesto nos miró intrigado y sorprendido a la vez, pero en cualquier caso complacido de que quizá hubiera otra opción además de la que había contemplado hasta ese momento. Además, se trata de una disyuntiva que no le disgusta en absoluto y que, pensándolo bien, no es tan ilógica. Así que acepta el desafío.

Al cabo de dos semanas nos encontramos con un hombre diferente. Era él, pero había sustituido el insulso traje de fiesta por un *look* deportivo y *chic,* que le confería un aspecto más atractivo y fascinante. Había cambiado la triste expresión que tenía cuando lo habíamos conocido por la mirada típica de las personas ambivalentes, que afirman las cosas sin decirlas, que aluden sin confirmar. En otras palabras, en los aspectos no verbales percibimos enseguida una señal de cambio e intuimos que quizá podíamos esperar algo bueno. Lo miramos, nos miró y a continuación esbozó una leve sonrisa, la sonrisa típica de quien está recordando algo agradable que no sabe si debe revelar ni cómo hacerlo. No le dijimos nada, pero él gritó:

—¡Ha ido bien! Por una parte, me gustaría poder decir que algo salió mal, porque si hubiera sabido que las cosas serían tan sencillas no habría sufrido tanto, pero la verdad es que fue de maravilla. No sé si se nota, pero he vuelto, he vuelto a ser yo, y esto me gusta, ¡me gusta mucho! ¡Ha funcionado! ¡Y sigue funcionando! Además, estoy convencido de que seguirá siendo así, porque ya no hay vuelta atrás, porque la naturaleza lo quiere así, ¿no?

El cortocircuito se reorientó sin introducir nada artificioso; ayudamos a Ernesto a volver a funcionar como sabía hacerlo. Haciéndolo dudar de una concepción incorrecta de las características que debía tener una relación para que los implicados en ella quedaran satisfechos actuamos en los intentos paradójicos de prolongar la duración de la relación, de manera que la naturaleza pudiera seguir su curso sin imposiciones ni engaños.

Volvimos a ver a Ernesto varias veces, distanciando cada vez más los encuentros, como solemos hacer para poder comprobar si una terapia, además de ser capaz de alcanzar su objetivo, es resolutiva, en el sentido de definitiva en sus efectos. Hace algún tiempo tuvimos el placer de recibir una llamada telefónica de Ernesto en la que nos anunciaba la llegada de un bebé, al que definió como el fruto del encuentro entre una pasión bárbara y una etérea ternura.

Trastorno eréctil: la paradoja del cuerpo

Cuando la impotencia *erigendi* se manifiesta en la juventud lo primero que hay que excluir es cualquier tipo de dependencia de sustancias, de alcohol y de los fármacos que suelen tomarse para curar el trastorno y que, después de un primer período eficaz, a menudo debido al efecto placebo, pueden acabar alimentando el problema.

Una vez excluido esto, será posible atender la demanda de la persona verificando —en primer lugar con una serie de preguntas elaboradas *ad hoc*— cómo acontece el conflicto.

Dado que la atracción es uno de los ingredientes fundamentales para que la sexualidad sea satisfactoria, el problema de la falta de erección quizá sea el más ambivalente de soportar respecto de los trastornos que hemos visto con anterioridad: la mente experimenta ciertos deseos, pero el cuerpo no responde. De esta forma, la excitación mental no se corresponde con unas reacciones físicas de excitación; aunque la correspondencia existe, se mantiene en fases alternas sin que haya un motivo razonable para la caída.

En la práctica, la persona trata voluntariamente de alcanzar o de mantener un estado que, para que persista, requiere que la mente se deje llevar por unas sensaciones que, a su vez, si todo funciona bien, se verán amplificadas por los significados que la mente les conferirá. Tanto la ausencia como la pérdida de la erección son, por tanto, fruto de un intento de control mental que debería activar el cuerpo, pero que, en realidad, inhibe la excitación, que incita al relajamiento físico.

A todo esto se añade una ulterior paradoja: cuando la mente no obtiene lo que quiere a menudo nos induce a pensar que no nos hemos aplicado lo suficiente y, por tanto, a insistir incluso cuando nuestra acción no nos ayuda a obtener nuestro objetivo, en ocasiones recurriendo al autoerotismo acompañado del visionado de películas pornográficas o citándonos con otras personas mediante *chats,* con profesionales del sector o con personas distintas a nuestra compañera. El resultado final es una tensión ulterior: existe la amenaza de agravar la situación involucrándola a ella, quien al no sentirse suficientemente deseada puede contribuir a aumentar el sentimiento de ineficacia del hombre, además de la propia frustración, con el posible peligro para la pareja.

En resumen:

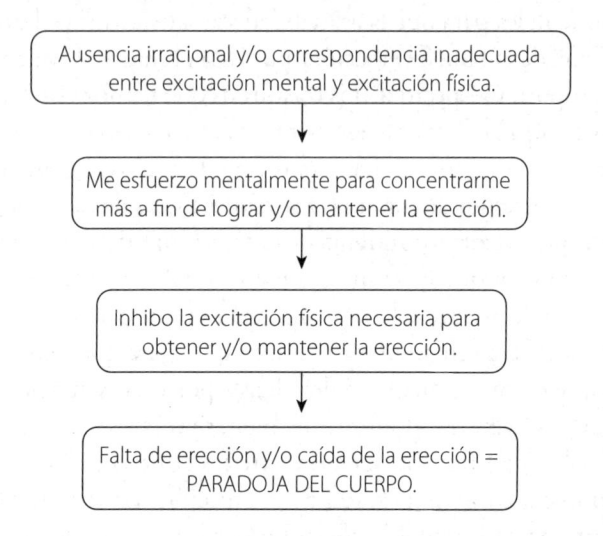

> Ausencia irracional y/o correspondencia inadecuada entre excitación mental y excitación física.

↓

> Me esfuerzo mentalmente para concentrarme más a fin de lograr y/o mantener la erección.

↓

> Inhibo la excitación física necesaria para obtener y/o mantener la erección.

↓

> Falta de erección y/o caída de la erección = PARADOJA DEL CUERPO.

Dante es un joven de 21 años que viene a vernos debido a lo que él define como «el problema más invalidante que le podría suceder». Afirma que todo lo que tiene en la vida se lo ha ganado él. Procedente de una familia con pocos recursos, pudo estudiar gracias a una beca y, según dice, hasta sus momentos de diversión se los ha costeado trabajando durante el verano, desde los 14 años. Hace dos conoció a la joven que desea tener a su lado; con ella descubrió el amor y la embriaguez de las primeras sensaciones físicas; todo fue tan natural y gradual que no logra explicarse qué le está ocurriendo.

El problema se inició en una época más bien estresante: estaba escribiendo la tesis y a pesar de sus esfuerzos no parecía seguro de poder terminarla en la primera sesión. En el mismo período la joven estaba viviendo una dinámica más bien conflictiva en su familia de origen y lo presionaba para que se decidiera a fijar una fecha para empezar a vivir juntos. A esto se añadía que Dante había descuidado a sus amigos, que para él siempre habían representado un salvavidas en los momentos de dificultad.

Tras hacernos una idea de la situación general, investigamos a fondo el funcionamiento exacto de este problema tan invalidante. Dante nos decía que deseaba a Beatriz, que cuando todo funcionaba no solo ambos alcanzaban el máximo placer, sino que esto sucedía casi al unísono, de manera que estaban sincronizados incluso en el tiempo. El problema era que, durante la relación, la calidad de la erección no siempre era la misma. Si al principio ella se había mostrado muy comprensiva con él y había tratado de ayudarlo intentando ser más seductora o de tranquilizarlo sobre la solidez de su amor, después la situación había empeorado. El joven nos contó que el punto débil no era la penetración, sino mantener la erección; era como si, una vez iniciada la relación, el cuerpo dejara de responder al deseo de la mente, es decir, la mente y el cuerpo ya no conseguían colaborar para alcanzar el objetivo. Aunque las primeras veces el hecho se explicaba por el estrés al que estaban sometidos, ahora ya no se daban unas motivaciones válidas para que el problema persistiese. Su media naranja está tranquila porque han decidido vivir juntos y esto ha resuelto muchas de las divergencias con su familia de origen; él había aprobado el grado y, por lo visto, hasta podría realizar el doctorado con un profesor que antes le resultaba esquivo. «¡Ahora ya no hay ninguna justificación!», gritaba el joven en tono decidido e inquisitivo a la vez. Una vez definido el problema, intentamos averiguar a través de nuestro diálogo estratégico qué había intentado hacer hasta el momento para resolverlo. Dante nos dice que su estrategia consiste principalmente en esforzarse en poner fin a la situación de tensión y hacer todo lo posible para experimentar placer y favorecer de esta manera la excitación. No obstante, dicha estrategia parece haber perdido su eficacia, de manera que el joven ha empezado a pensar: «¿Por qué no lo consigo? Puede que deba esforzarme más».

Dante ha caído en la trampa de tratar de aumentar el esfuerzo y el control típico de las personas capaces y acostumbradas a empeñarse en obtener lo que desean a pesar de que resulta evidente que esa metodología no conduce a nada. Cuando le explicamos que, pese a ser funcional en varios ámbitos, dicha estrategia parece no serlo en el ámbito que nos ha descrito, el joven nos mira intrigado y desconcertado, porque aunque puede aceptar la idea de que el exceso de control produce tensión, le resulta más difícil comprender la parte relativa al empeño. De hecho, cree que es necesario esforzarse para que la relación funcione lo mejor posible desde el punto de vista sexual, y no concibe que esto pueda realizarse sin esa determinación. Frente a tal observación, le proponemos a Dante una primera y fundamental reestructuración, cuyo fin es preparar el camino hacia una parte del tratamiento que se puede aplicar en casos análogos al suyo: «Se dice que la mujer perfecta debe arrebatarte el alma y los sentidos. Sabemos que tu mujer te arrebata el alma, pero no sabemos si te arrebata los sentidos […]. Bien. Pero ¿qué es lo curioso de tu interpretación que nos resulta muy arriesgado? Que lo reconduce todo a un esfuerzo voluntario que deberías hacer tú y deja la interacción con ella al margen. Esto no significa que "el sexo no quiere pensamientos", sino más bien al contrario: sabemos científicamente que cuanto más busca un hombre hacer funcionar de manera voluntaria sus atributos, menos útil resulta para sí mismo y para la otra persona. En tu caso, el problema no tiene que ver con el goce del otro, sino con el tuyo, que podría convertirse en un problema para el disfrute ajeno. De manera que la cuestión es: "Si sigues esforzándote tanto, ¿la cosa podría funcionar, o no?"».

En este punto le proponemos una indicación clara que abre su mente a una nueva perspectiva respecto de su creencia inicial:

—Te pedimos que durante un mes bloquees tu voluntarioso intento de hacer funcionar las cosas en cierta dirección, porque cuanto más intentas controlar, más inhibes tu placer [...]. El placer es algo que no se puede planificar racional ni mentalmente; al contrario, cuanto más tratas de provocar el placer de manera racional, más inhibes la sensación de placer, por lo que resulta una paradoja inigualable. Así pues, para empezar debemos desbloquear esto como sea. ¿Puedes o eres incapaz de decir: «Ahora tendré relaciones sexuales sin tratar de conseguir el máximo»? *[el joven asiente]*. Entonces lo primero que debes hacer es no buscar cosas complicadas ni tratar de matar moscas a cañonazos *[el joven sonríe]:* «me concedo un mes de sexo despreocupado»; «tengo que hacer un esfuerzo por no esforzarme»; «debo controlar mi tentativa de control y ver qué sucede». Para ayudarte a hacerlo y para que todo sea más picante, a ella le daremos la posibilidad de volver a abrirte no solo el alma, sino también los sentidos: si tú haces lo que te pedimos, ella tomará las riendas y disfrutará, aunque así siempre faltará una pieza. Así pues, en una situación en la que tienes que vigilar tu tendencia a esforzarte, debes actuar también sobre tu propensión a controlar y lo harás delegando en ella el dominio del acto: será ella quien se esfuerce en hacerte gozar, mientras que tú harás lo posible para no empeñarte en ser eficaz. La responsabilidad estará completamente en manos de nuestra joven virtuosa; veamos cómo se la juega. Tú tendrás que evitar poner de tu parte y deberás dejarte seducir sin ser parte activa, «sufriendo su asalto».

Delegando el control y el esfuerzo voluntario hacemos caminar a la persona en dirección opuesta a la deseada para que puedan emerger las sensaciones que, tendiendo al placer, se opongan a la mente y generen una especie de rebelión de los sentidos contra la razón. El resultado será obligar al enemigo a subir al desván y quitar la escalera.

De hecho, Dante se despide de nosotros diciéndonos: «De acuerdo. ¡Muchísimas gracias!», agradecimiento que se corresponde con la complacencia que se veía en su cara durante la última parte de nuestra conversación. Dante vuelve a visitarnos para contarnos lo sucedido tras el mes transcurrido desde nuestro primer encuentro y nos dice que, en efecto, procurando no esforzarse y dejando en manos de ella la dirección de los juegos la situación ha mejorado mucho, hasta tal punto que él ha prestado mucha menos atención a la calidad de la erección, como solía hacer anteriormente de manera obsesiva con la actitud del que «se obceca por algo». Esto ha transformado la calidad de las relaciones. Le hace sentir mucha más intimidad con su pareja y se muestra más relajado en los intercambios con ella, a excepción de las pocas ocasiones en las que su pene permanece blando a pesar de que siente deseo. En estos casos, la frustración de no sentirse bastante viril puede con él y, al no poder disfrutar de la naturalidad del hecho de estar juntos y también por sentirse un poco avergonzado, prefiere detenerse.

Después de felicitarlo por haber hecho todos esos avances en tan poco tiempo, lo tranquilizamos diciéndole que, si bien esperábamos que obtuviera unos resultados positivos, sabíamos que estos iban a estar necesariamente salpicados de episodios que le gustarían menos, porque para nosotros era evidente que, a pesar de que tenía una carga de deseo relevante, también tenía unas ideas acerca del funcionamiento de la fisiología masculina y femenina que quizá debían ajustarse.

Empezamos con una pregunta en apariencia banal o insensata: «¿Qué grado de dureza debe tener tu pene para poder penetrar a una mujer?». Dante nos mira como si la respuesta fuera evidente, es decir, el 100% como suele pensar quien, de manera obsesiva, se impone lograr la máxima erección antes de la penetración, con un resultado típicamente paradójico: cuanto más se esfuerza por tener una erección, menos lo consigue. En cambio, si la vagina está lubricada la penetración se puede iniciar a partir de un 10% de erección, y una vez se ha metido el pie en la puerta el resto viene después. Naturalmente, dado que nuestro primer objetivo es bloquear el intento de control obsesivo, después de haberle inculcado esta nueva percepción le prescribimos la estrategia que debe adoptar en caso de necesidad: «Para seducirla debes llegar *ante portam* y, en lugar de pararte porque no tienes el pene tan erecto como querrías, jugar con él para provocarla, con amagos de entradas y salidas superficiales y muy ligeros. Haz esto y comprueba cómo reacciona ella».

¿Qué sucederá? Justo lo que le ocurrió a Dante: al eliminar el control residual en las situaciones en las que su cuerpo no se correspondía con sus expectativas resolvió el problema por completo. El joven nunca tuvo necesidad de aplicar la estrategia alternativa porque, al dejar de pretender el cien por cien de erección antes del coito, la consiguió, como nos contó su compañera, que se presentó en la cita siguiente en su lugar y nos aseguró que lo había visto tan cambiado que nos había elegido para resolver las divergencias que tenía con sus padres: «Si habéis conseguido hacer este milagro con él también debe haber una solución para mí…».

A veces, en casos parecidos al que hemos descrito, puede suceder que después de una parada o de una reducción de la frecuencia de las relaciones por miedo, la reanudación de estas no sea tan sencilla como lo fue para Dante. En concreto, puede ocurrir que la erección se verifique, que se mantenga durante los preliminares, pero que en el momento del impacto la lanza pierda combatividad. En estos casos hay que añadir una ulterior estrategia, la denominada «bellas estatuas». Para ello se pide a los dos que, después de haber dedicado tiempo a unos juegos eróticos satisfactorios, se detengan un momento y mantengan sus cuerpos desnudos en contacto durante un minuto, y que luego, en un segundo paso, pasen a las micropenetraciones. Como afirma J. Weakland (1978): «Cualquier cosa lleva a otra, que a su vez lleva a otra… si te concentras en hacer la más pequeña; después otra, y así, sucesivamente, acabarás consiguiendo grandes objetivos ejecutando solo pequeñas cosas». La realización de micropenetraciones tranquiliza hasta tal punto que la mente se relaja, y por el hecho de estar concentrada en esa tarea deja de controlar el cuerpo y permite que las sensaciones y la naturaleza hagan el resto.

5. Las disfunciones sexuales femeninas: cómo funcionan y cómo tratarlas

> *Así pues, hablar a las mujeres de sus errores no significa declararlas totalmente culpables de sus desastres sentimentales, sino considerar que son las que en esa dinámica tienen más recursos y poder para un cambio constructivo.*
> Giorgio Nardone

Trastorno del orgasmo femenino: la paradoja de la sensación

Frente a la incapacidad de alcanzar el placer en el coito, el esfuerzo deliberado es el de abandonarse a las sensaciones con el consiguiente fracaso frustrante, ya que cuando la persona presta demasiada atención a la consecución del orgasmo no disfruta de todas las etapas que, bien vividas, permiten obtener el culmen del placer. Se trata de una variante de la paradoja similar a la del hombre, pero no idéntica, debido a las diferencias fisiológicas que subsisten entre los dos. En el hombre, de hecho, el proceso fisiológico que conduce al coito es mucho más mecánico que el de la mujer, en la que el placer va aumentando de manera progresiva de nivel y no de forma lineal, sino con picos cada vez más elevados hasta alcanzar la cúspide. Esta *escalation* es posible gracias a los aumentos progresivos de placer que, a su vez, implican no solo la participación del cuerpo, sino también de la mente. Si esta se esfuerza por estar siempre atenta, incluso a las más mínimas señales que indican el incremento del placer que conduce al clímax, inhibe el sentimiento espontáneo. De este modo, se impide la naturalidad necesaria para sentir placer y el cuerpo se tensa mientras la mente intenta escucharlo. El efecto será un alejamiento de la posibilidad de realizar lo que se desea.

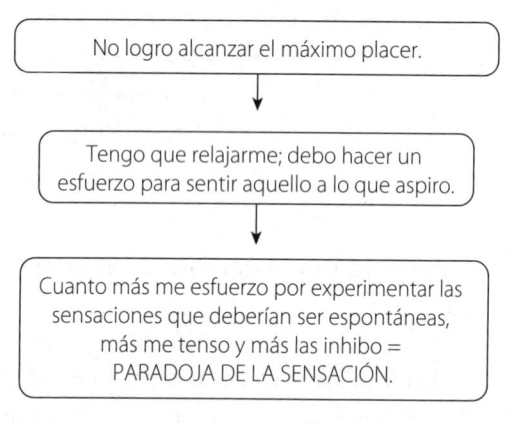

> No logro alcanzar el máximo placer.
>
> ↓
>
> Tengo que relajarme; debo hacer un esfuerzo para sentir aquello a lo que aspiro.
>
> ↓
>
> Cuanto más me esfuerzo por experimentar las sensaciones que deberían ser espontáneas, más me tenso y más las inhibo = PARADOJA DE LA SENSACIÓN.

Sin lugar a dudas, Wanda es una mujer guapa: una de esas particularmente dotadas, que gusta a los hombres, pero mucho más a las mujeres, que la consideran un modelo a imitar y con quien compararse.

Es el retrato de la ambivalencia: a pesar de su aspecto andrógino, su comportamiento es un concentrado de femineidad y está dotada de un tipo de inteligencia no solo racional, sino también relacional; es una mujer que se ha construido y modelado a su imagen y semejanza, pero que, además, ha sabido sintonizarse bien con el mundo para alcanzar sus objetivos.

Wanda aparece justo así cuando acude al estudio y nos habla de ella, y solo en un segundo momento nos revela que el objetivo de la consulta es sexual. No se trata de un problema, sino de un objetivo: Wanda no logra llegar al orgasmo. Según nos dice, atrae a los demás como un imán, pero, después, tanto hombres como mujeres solo pretenden que ella los tranquilice, que les dé seguridad o quieren encerrarla en una caja de cristal.

Debido a su manera de ser y de comportarse, Wanda se consideraba la peor enemiga de sí misma, y además pensaba que era «un problema para los demás; una auténtica calamidad de la naturaleza; la hierba deja de crecer por donde paso, igual que el caballo de Atila». Pero, por el momento, no le interesaban los demás, sino el hecho de que, por mucho que se hubiera aplicado en el tiempo, no lograba obtener la cosa más natural del mundo: el máximo placer. Y esto estaba empezando a estropearlo todo: debido a su frustración, sus encuentros eróticos y las potenciales relaciones solo duraban unos cuantos meses. Quizá por eso también se había acercado al mundo femenino: de hecho, pensaba que una mujer debía saber lo que siente otra mujer, por lo que, en una relación de este tipo las probabilidades de obtener los objetivos de Wanda se elevaban al máximo. Poco importaba que la pareja fuera hombre o mujer: el resultado era invariable. A medida que Wanda perseguía su meta más se alejaba esta. A pesar de ello, jamás había dudado de que el problema no era su pareja, sino su obsesivo intento de llegar al orgasmo.

La pregunta que le hacemos a Wanda la desconcierta, aunque después le permite contemplar un punto de vista que nunca había tomado en consideración. Le preguntamos si se había dado cuenta de que todos aquellos a quienes ofrece una posibilidad son personas que acuden a ella como atraídas por un imán. En cada ocasión es como si fuera una especie de bruja seductora que, mediante un hechizo, atrae a los hombres y a las mujeres a su lado sin necesidad de pedírselo:

—En este tipo de condiciones, si evaluamos esta situación en la dinámica de la complementariedad entre los dos miembros de la pareja, ¿a qué tipo de personas atrae una mujer así? ¿A personas que están a tu altura o a los necesitados e inseguros que, una vez a tu lado, no saben darte lo que deseas? Es más, deberías ser tú quien le diera algo a ellos, ya que has destrozado sus vidas con una dosis de ambivalencia e inflexibilidad que pocos pueden manejar sin perder el juicio.

La mujer, que es inteligente, sonríe al oír estas palabras en señal de asentimiento, con la expresión de quien, por fin, ha encontrado a alguien a quien puede enfrentarse con las mismas armas. Proseguimos pidiéndole que nos confirme si es así y le decimos que, si lo que nos ha contado es cierto, tenemos que evaluar cómo es posible que una mujer que ha tenido la posibilidad de conocer distintos tipos de placer con personas diferentes nunca haya conseguido involucrarse del todo y abandonarse hasta experimentar el éxtasis de los sentidos. ¿Son los demás quienes no logran arrastrarla —algo que en parte podría ocurrir— o hay algo en ella que se puede mejorar, modificar o potenciar para que pueda realizar su sueño? Wanda nos mira y, tras confesarnos que por primera vez alguien le atribuye la responsabilidad de un hecho, nos increpa: «Ahora me toca a mí: ¿qué debo hacer?».

En primer lugar, debemos descubrir qué es lo que ella, personalmente y con independencia de los demás, ha tratado de hacer para lograr su objetivo. Nos dice que cuando se encuentra en esas circunstancias —y asegura que intenta crearse el mayor número de ocasiones posible— sabe escuchar cada mínima señal de su cuerpo, sentir los más leves aumentos y variaciones de intensidad del placer, pero nunca consigue ir más allá. Entonces intenta actuar para obtener los incrementos que no siente, y a pesar de haber aprendido a la perfección cómo hacer gozar al otro o a la otra esto no le permite relajarse más porque su intento no es procurar placer a su pareja por el simple gusto de hacerlo, sino para alcanzar el placer, y así no funciona.

—De manera que todo se ha vuelto tan mecánico que eres como un músico que sube al escenario para dar un concierto con el deseo de poder disfrutar de un éxito seguro, pero que, al estar concentrado en su objetivo, no goza del placer de tocar ni de los aplausos. Como estás concentrada en lo que deberías sentir al final te pierdes todo lo demás, y perdiéndote todo lo demás, ¿cómo puedes llegar a percibir el máximo goce? El máximo placer solo se da cuando este satisface, aunque en cada ocasión deja una ligera sensación de descontento y es además el resultado de las oscilaciones que se verifican en el ínterin. Si no se percibe en estas, ¿cómo se puede percibir el resto? Si yo veo una película sin entrar en la trama, ¿cómo puede sorprenderme el final?

Le pedimos a la mujer que piense en el hecho de que cada vez que se concentra en el intento de escuchar sus sensaciones es como si no viviera lo que sucede, como si tratara de controlarlo mentalmente y obtener de forma voluntaria lo que podría producirse de forma espontánea, viviéndolo. Le proponemos una primera indicación, que será una especie de globo sonda para verificar cuál es la mejor dirección a seguir.

Como primer aspecto, si queremos obtener el máximo placer sintiéndolo de forma espontánea, debemos saber a quién o qué hay que perseguir, ya que, de no ser así, corremos el riesgo de no encontrar lo que deseamos porque, sencillamente, nos hemos equivocado de blanco. A lo que debemos aspirar es a un tipo de placer que satisface pero que te deja ligeramente insatisfecha, esto es, no extasiada al cien por cien, sino más o menos al 80%. Para conseguirlo, su atención deberá dirigirse no tanto al esfuerzo para alcanzarlo o sentirlo, sino al descubrimiento de todas las variaciones de su cuerpo y del de su pareja: unas ligeras cosquillas, algún que otro estremecimiento, el entumecimiento de los dedos de los pies, los ojos que se cierran, el diafragma que empuja hacia abajo, el abdomen que se contrae, las cejas que se arquean, la boca que se abre, gemidos... El objetivo de los encuentros deberá ser recrearse para brindar a la otra persona el máximo placer haciendo lo que ha aprendido a hacer bien, con el fin de buscar todos los indicios que señalan que la otra persona, ella, o ella y la otra han alcanzado el 80% de placer.

Wanda sale de nuestra consulta desconcertada, aunque estimulada, y como nos revelará más tarde, impresionada por la idea del 80%. Pensaba que el orgasmo correspondía al 100% y que un 80% equivalía a contentarse, y a ella no le gustaba contentarse.

Cuando vuelve a vernos al cabo de casi un mes, se sienta con el atrevimiento que la caracteriza y, mirando de abajo arriba, nos dice con especial desparpajo: «¡He elegido a las mujeres!». La miramos sin decir una palabra, esperando a que ella retome el discurso, cosa que hace después de un instante de silencio:

—He encontrado mi 80%, puede que algo más, y lo más maravilloso es que ese ochenta, que a veces puede ser un 90, un 95 o un 70, no lo siento exclusivamente al final, sino también durante, y eso es lo que más me hace gozar. Por otra parte, he elegido a las mujeres porque en ellas me veo a mí misma: es como si fueran un espejo que me refleja, a diferencia de los hombres, que son muy distintos y que buscan tanto el bendito orgasmo que al final no disfrutan de lo demás. Antes yo era más o menos así. Creo que he logrado mi objetivo y que ahora puedo seguir sin vuestra ayuda. Quería decíroslo en persona, así que por eso he venido. Gracias por haber confiado en mí.

Wanda se marchó igual que había llegado, dejando tras de sí la huella de un agradable recuerdo.

Trastorno del deseo sexual y de la excitación sexual femenina: la paradoja de la mente

Mientras la insuficiencia eréctil es el problema sexual masculino por excelencia, en el caso de la mujer hay un dato interesante relativo a la incapacidad de sentir placer: el 51% del total de las mujeres jamás ha sentido placer, el 25% solo en algunas ocasiones, y menos de un tercio se declaran totalmente satisfechas. De esto no se libran las jóvenes de entre dieciocho y veinticinco años, que al no encontrar la satisfacción erótica suelen adoptar soluciones específicas, como el esfuerzo voluntario para sentir placer a toda costa, en ocasiones combinado con comportamientos sexuales transgresivos de distinto tipo o con el intento de experimentar con personas distintas a la propia pareja, aunque manteniendo la relación. A esta categoría pertenecen muchas de las mujeres que entran y permanecen en la paradoja de «sé espontáneo» o que tratan mentalmente de experimentar lo que no sienten. La diferencia sustancial respecto de la paradoja de las sensaciones que hemos descrito en el anterior apartado radica en el hecho de que, mientras que en este caso las sensaciones se inhiben si se les presta una atención excesiva, en el trastorno de deseo o de excitación sexual la paradoja se produce antes de que aparezcan las sensaciones. En otras palabras, la repetición mental «tengo que conseguirlo, tengo que conseguirlo, tengo que conseguirlo» impide lo que se desea porque se busca en un lugar equivocado. La mente le corta las alas al cuerpo, que se queda como congelado en el trastorno de excitación, mientras que en los problemas relacionados con la ausencia de deseo no responde como debería. En los hechos se evidencia una falta de correspondencia entre lo que la racionalidad o la capacidad de raciocinio consideran que debe verificarse y lo que efectivamente se realiza; la atracción de la pareja se convierte en una condición necesaria, pero no suficiente, para que esta se convierta en objeto de deseo o para sentir la excitación que se confiaba sentir. Esto no se produce porque la mente bloquee las sensaciones, sino porque tiene lugar un fenómeno parecido al que se describe en la célebre historia del ciempiés. La historia narra que un día un ciempiés se encontró con una hormiga que, acostumbrada a ser un ejemplo encomiable de eficacia y acción, no entendía cómo era posible que ese extraño insecto caminara coordinando las numerosas patitas que, por naturaleza, caracterizan a su especie.

Igual que el pobre ciempiés, la persona que insiste en el esfuerzo voluntario y transforma los momentos de intimidad en un banco de pruebas solo experimentará su fracaso. Además, con el paso del tiempo el problema no solo no se resolverá, sino que tenderá a desnaturalizar la relación espontánea y natural que representa la *conditio sine qua non* para sentir placer, con las consiguientes oscilaciones entre los intentos forzados de ponerse a prueba y los momentos aversivos de bloqueo en relación con lo que se desea pero que se teme no poder obtener. La dosis de frustración será elevada y podrá manifestarse de distintas maneras: desde reacciones de nerviosismo o de ansiedad hasta somatizaciones de distinto tipo o reacciones depresivas en función del nivel de acumulación alcanzado.

En resumen:

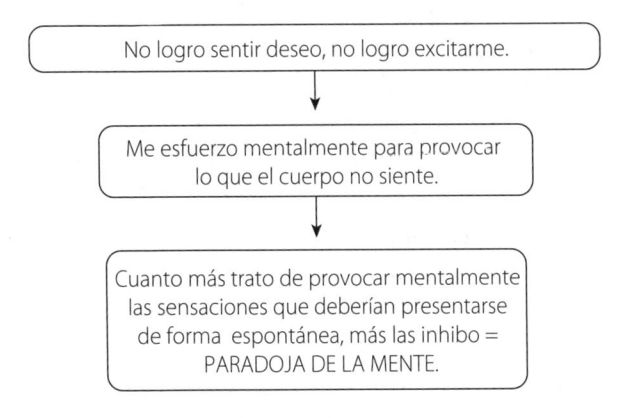

> No logro sentir deseo, no logro excitarme.

↓

> Me esfuerzo mentalmente para provocar lo que el cuerpo no siente.

↓

> Cuanto más trato de provocar mentalmente las sensaciones que deberían presentarse de forma espontánea, más las inhibo = PARADOJA DE LA MENTE.

Aurora es una joven de 21 años, comprometida desde hace dos con un espléndido príncipe azul al que ama profundamente: cuando le preguntamos por qué ha solicitado nuestra ayuda nos explica su problema con una delicadeza en los detalles propia de una escritora de novelas rosas. La joven nos describe de maravilla su relación con Felipe, que sería idílica si no fuera porque ella no lo desea; extrañamente, él le gusta, goza cuando hacen el amor. El problema es que después de dos años de relación no lo desea. En el relato de la joven emerge una nota desafinada: normalmente no deseamos a quien no nos gusta y no es capaz de encender nuestros sentidos; además, si no deseamos a alguien, ¿cómo podemos gozar con él en la intimidad?

Investigamos entonces de qué manera funciona la dinámica entre los dos desde el punto de vista erótico-sentimental, teniendo en cuenta que en las demás esferas ambos encajan bien. Comprobamos que después de que ella haya buscado en vano una explicación a su falta de deseo y él haya intentado estimular las fantasías de ella de todas las maneras posibles, los dos han llegado a la conclusión de que quizá haya algo en ella que no funciona. En alguna ocasión ha sucedido que, casi por error, surgió el deseo, como ocurrió una vez después de una larga separación por motivos laborales. De igual forma, a veces experimentaba sensaciones extrañas cuando, por ejemplo, se despertaba por la mañana o cuando estudiaba en casa, pero como no vivían juntos a menudo debía sofocar esos deseos y esto le generaba una ulterior frustración.

Últimamente solo tenían relaciones cuando ella daba el primer paso, en parte porque, tras numerosos rechazos, él se mostraba incluso demasiado respetuoso. Al mismo tiempo, mientras antes los dos eran muy afectuosos entre sí, después de que se declarara el problema, del que empezaron a hablar incluso demasiado, ella interpretaba cada gesto afectuoso de él como una invitación a la intimidad. El temor a vivir un nuevo fracaso ha llevado a Aurora a retirarse y a encerrarse cada vez más, de manera que ahora cada uno es confidente del otro, comparten muchas pasiones, desean construir algo importante y ninguno de los dos puede concebir su vida sin el otro, siempre y cuando la intimidad quede fuera. Una vez al mes, consciente de que no se puede tener atado a un joven de 20 años si no se le satisface a nivel sexual, la joven accede a hacer el amor, pero enseguida los dos van al grano. Los preliminares alegres, en especial el beso, que a ella tanto le gusta, pero que hace que él se haga demasiadas ilusiones, han desaparecido: «Así termina antes: ¡asunto concluido, vaya!». Es evidente que esta no es la intimidad que desean, *in primis* él y, en el fondo, ella, porque los dos están convencidos de que una verdadera pareja no puede existir sin satisfacción íntima.

Le proponemos a Aurora una trayectoria individual que en un futuro contemple la posible participación directa de Felipe, quien por el momento solo debe colaborar de manera indirecta con las indicaciones propuestas.

Contenta de sentirse comprendida en su problema y de poder actuar en primera persona para resolver su bloqueo, Aurora acepta de buen grado la primera indicación, es decir, la de dejar por completo de hablar del problema durante dos semanas. Cuando se habla mucho de amor con frecuencia se pone poco o nada en práctica, de manera que es necesario procurar no hablar de lo que se debería hacer, sobre todo cuando no se siente el estímulo de hacerlo, pues, de no ser así, en lugar de provocar el deseo este se inhibe *a priori*. «Hablar de sexualidad es como perseguir un gato negro en una habitación a oscuras tratando de atraparlo. Cuanto más lo perseguimos, más se escapa».

La segunda indicación se la proponemos con el objetivo de describir cómo funciona el deseo. La invitamos a reflexionar sobre el hecho de que este se rige por una lógica particular: Freud afirmaba que «la espera acrecienta el deseo», pero a la vez es cierto que si la espera dura demasiado se genera una especie de paz sensorial que no solo no estimula, sino que además impide que se contemple la posibilidad de desear. Si a esto se añade el hecho de que las constantes negativas han hecho que en el príncipe aumente poco a poco el temor a ser rechazado y que, por consiguiente, ahora se abstenga de pedírselo, su situación podría describirse como una especie de arena movediza de la que es imposible salir, pero que a la vez no es lo suficientemente densa como para arrastrarnos hasta el fondo. Así pues, dado que deben evitar las relaciones sexuales durante dos semanas, los dos tienen que entretenerse limitándose a comportarse como lo que son, es decir, dos novios que se descubren y se intercambian ternura sin la menor intención, sin considerarla como el preludio de algo más.

La última indicación, que le proponemos a modo de guinda del pastel, es una pregunta especial que Aurora debe hacerse durante las siguientes semanas: «Si yo hubiera enloquecido totalmente, si hubiera perdido el control de mis facultades mentales y hubiera decidido empeorar voluntaria y deliberadamente la situación, en lugar de mejorarla, ¿qué debería o qué no debería hacer? ¿Qué debería pensar o procurar no pensar?, ¿qué debería hacer o procurar no hacer para empeorar voluntaria y deliberadamente la situación en vez de resolverla?».

Esta indicación deja a la joven clavada a la silla, igual que los faros de un coche dejan clavados a los gatos, y Aurora sale satisfecha del estudio, tranquilizada, sin duda, por haber recibido la prohibición externa de tener relaciones sexuales durante dos semanas e impresionada por la idea, que jamás había considerado, de que cuando se quiere enderezar algo lo primero que hay que hacer no es buscar la manera de resolverlo, sino retorcerlo más. Por último, la joven podrá disfrutar de los mimos sin temer que se le exija nada más ni por tener que esforzarse para resolver algo que cuanto más esfuerzo mental exige más se complica.

Aurora regresa al cabo de un mes con una bonita sonrisa dibujada en los labios y nos cuenta que las semanas anteriores han sido de ensueño: hacía mucho tiempo que su querido Felipe y ella no compartían unos momentos de complicidad tan satisfactorios, pero, sobre todo, ella lo ha deseado más que él por primera vez en varios meses. Han evitado hablar de sexo, y eso los ha hecho sentir un poco más normales. Se trataba de una realización importante, hasta tal punto que cuando la joven empezó a pensar en las posibles maneras de empeorar solo encontró respuestas banales que confluían en una única: seguir haciendo lo que estaba haciendo. En cambio, durante las vacaciones ocurrió algo importante: él no tenía ganas de intimidad, pero ella lo deseaba, tanto que vivieron dos momentos eróticos promovidos por ella, que nos describe como «superplacenteros». Así pues, mantenemos todas las indicaciones precedentes subrayándole la importancia de que sea ella quien tome la iniciativa y llegue adonde quiera llegar, con el único límite de la relación sexual.

Pasadas tres semanas, Aurora manifiesta un ulterior cambio: ha añadido a los besos las caricias recíprocas y siempre ha sentido placer, para gran satisfacción de él. En esta ocasión se ha sentido más relajada y curiosa; incluso se ha divertido variando la interacción. Así pues, le proponemos a la joven que cambie algo en cada encuentro, que sería agradable transformar en una especie de duelo en el que los dos se divierten excitándose de manera recíproca: «A ver quién gana». «Si lo deseara, ahora todo sería maravilloso», afirma la joven mientras la acompañamos a la puerta dándonos a entender que, aunque los cambios que se han producido son importantes, todavía falta algo.

Aurora vuelve al cabo de un mes, después de un viaje que los ha alejado durante un tiempo. Viene con Felipe, pues los dos han tratado de cumplir con la tarea que les habíamos encomendado, y ambos reconocen que cuando siguen las indicaciones todo funciona. El problema es, según él, que si dependiera de ella también podrían dejar de hacerlo. Al joven le cuesta mucho esfuerzo la parte preliminar, en la que ella se muestra tan reacia que casi parece que la obligara a hacer algo contra su voluntad, a pesar de que luego le agrada e incluso lo vive con intensidad, como ella misma confirma. Le agradecemos al joven que atestigüe que Aurora no tiene problemas con las sensaciones, dado que no le cuesta probar y gozar del placer y que no es víctima de una paradoja de la acción durante la relación, de manera que consigue relajarse. El problema de la joven está en la fase de *start*. Empezamos a pensar que se trata de una paradoja mental, en la que a la fuerza debe existir una idea que además de haber generado el problema lo está manteniendo, y eso a pesar de los avances realizados. Por primera vez desde que la conocemos, Aurora nos cuenta algo que nos ha ocultado hasta la fecha porque le daba vergüenza y que ya no puede seguir callando: está convencida de que, para funcionar desde el punto de vista íntimo, una mujer debe sentirse excitada *a priori* por el mero hecho de pensar en su hombre; algo similar a lo que les sucede a los hombres con las mujeres. La expectativa es, entonces, la contraparte femenina de una erección masculina. Como no la sentía, daba igual si después funcionaba todo, porque algo en ella no funcionaba *a priori*.

Estaba claro: partiendo de una premisa errónea, su razonamiento lógico-apremiante solo podía producir un resultado equivocado, así que empezamos a introducir una pequeña duda en la idea de Aurora mediante una reestructuración de este tipo:

—Las relaciones hombre-mujer son el resultado de una complementariedad, en el sentido de que la unión se hace por afinidad y no por semejanza. Si dos personas funcionan exactamente de la misma manera quizá funcionen como individuos separados, pero la relación es un fracaso anunciado. Este concepto es aún más cierto cuanto más nos aproximamos a una materia tan atávica y visceral como la sexualidad, en la que la mujer está hecha para recibir y el hombre para dar. Dicho de otra manera, la mujer no está hecha para tomar la iniciativa, sino para responder a una petición acogiéndola y llevándola a término. Como mucho, ella trata de aumentar su atractivo para excitarlo a él, que luego tomará la iniciativa que recibida por la provocadora podrá, por fin, realizarse.

Dicho esto, a ambos les propusimos un cambio: él debía ser el titiritero que moviera los hilos, iniciando y dirigiendo, por tanto, los juegos, pero sin olvidar la importancia de los besos, que a ella tanto le gustaban, e intentando ser fantasioso. Ella debía hacer un esfuerzo para seguirlo, tanto si sentía el estímulo inicial como si no, porque a fin de cuentas este aparecería tarde o temprano. Por otra parte, debían seguir procurando no hablar del problema, ya que los dos eran conscientes de que hablar era la mejor manera de estropear las cosas desde cualquier punto de vista.

La sesión que hemos descrito, la cuarta, fue la sesión reveladora que permitió desbloquear un conflicto que parecía destinado a estancarse con unos efectos desastrosos para la felicidad y la supervivencia de nuestra pareja, que al final empezó a funcionar. Ella desechó la malsana idea que, en lo que constituía una auténtica paradoja mental, le impedía gozar plenamente de lo que ahora define como una relación en la que, de vez en cuando, le gusta que él la llame al orden y resistirse para que él insista.

Nos reunimos con ellos tres veces más: al cabo de uno, tres y seis meses, y después delegamos en ellos la responsabilidad del cambio que habíamos obtenido. La parte fundamental que había que seguir teniendo presente era que, si bien es cierto que la mejor manera de atrapar un gato negro en una habitación a oscuras es quedarse parado y esperar a que se acerque, intrigado, hacia nosotros, también es cierto que, si no lo estimulamos de alguna manera, quizá gire a nuestro alrededor, pero después se irá a buscar algo más atractivo. Esto significa que hay que cultivar, amplificar y hacer evolucionar el deseo mediante la experiencia práctica, estímulos nuevos y pequeñas y continuas señales de cortejo si no se quiere estropear el idilio (Nardone, 2010).

Al final, los dos salieron del estudio satisfechos y con todos los instrumentos necesarios para hacer despegar su historia; por lo demás, tomando prestadas las palabras de Cervantes: «El hombre es fuego, la mujer estopa, llega el diablo y sopla» (Nardone, 2007).

Trastorno del dolor genito-pélvico y de la penetración: la paradoja de la acción

La dispareunia, el trastorno asociado al dolor que se siente en el área de la vagina o de la pelvis durante la relación sexual, que repercute también en los momentos de intimidad y no solo en la relación completa, causa tanto sufrimiento como la problemática anterior. En este caso se verifica una asociación entre un estado de dolor efectivo o de molestia asimilable al dolor y el proceso de mantenimiento del trastorno desde el punto de vista psicológico.

La percepción primaria es la del dolor físico, que produce, como reacción defensiva, una rigidez cuyo fin es evitar un eventual aumento de la molestia, con la consiguiente ausencia de lubricación y de todas las reacciones naturales asociadas al placer. Desde el punto de vista corporal, la necesidad consiste en impedir que el dolor continúe o aumente, mientras que la mente intenta, en una paradoja de la acción, relajar el cuerpo, que cuanto más trata de conseguirlo, más se tensa.

En resumen:

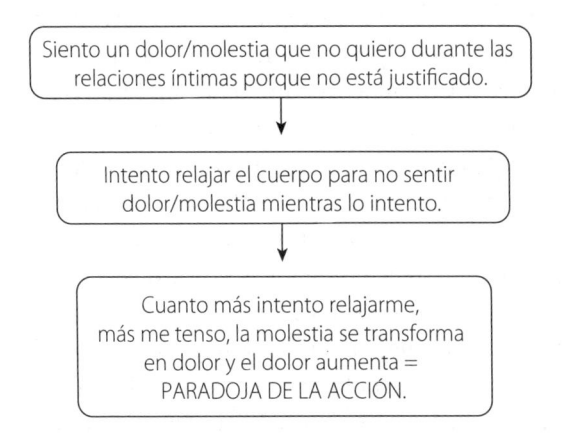

> Siento un dolor/molestia que no quiero durante las relaciones íntimas porque no está justificado.

↓

> Intento relajar el cuerpo para no sentir dolor/molestia mientras lo intento.

↓

> Cuanto más intento relajarme, más me tenso, la molestia se transforma en dolor y el dolor aumenta = PARADOJA DE LA ACCIÓN.

Así pues, la paradoja mental se basa en el vano intento de la mente de obtener de forma voluntaria lo que debería ser espontáneo, fruto del abandono. En esta variante de trastorno se habla de «paradoja de la acción» en la medida en que el intento de relajamiento es justo lo que tensa, en un esfuerzo que es más contraproducente que los anteriores, ya que está reforzado por la molestia y/o el dolor físico. La complicación que con más frecuencia se asocia a la percepción del dolor y/o de la molestia es la posible presencia, además, de un miedo anticipatorio asociado al acto sexual; por este motivo es útil averiguar si en la base de este miedo hay eventuales experiencias negativas o traumáticas o si se trata de creencias moralistas asociadas al problema. En otras palabras, la resolución de la dispareunia asociada a un miedo debe tener en cuenta esta sensación y dotar a la persona de los instrumentos necesarios para dominarlo.

Magdalena vino a vernos hace tiempo debido a un miedo a la penetración invalidante, cuya aparición o manifestación no estaba causada por ningún evento traumático. Observándola, enseguida comprendimos que algo debía de haberse quedado atascado en su interior; su mirada y su postura eran propias de quien teme hasta a su sombra; nos sorprendía mucho que hubiera venido a vernos para contarnos un problema tan íntimo. Al mismo tiempo, y dado que la joven parecía tan temerosa que casi no podía alzar los ojos ante su reflejo en el espejo, debía tener una fuerza interior y una motivación que nos aseguraba que seguiría todas nuestras indicaciones, como de hecho sucedió.

Desde el punto de vista de la disponibilidad para la terapia, Magdalena parecía pertenecer al primer tipo de resistencia, la colaboradora; en lo tocante al problema que nos planteaba, mostraba la típica resistencia de quien tiene un bloqueo emocional que le impide hacer lo que debería y esto lo lleva en una dirección diferente a la que permite resolver el problema. Desde el punto de vista de la comunicación, en una situación de este tipo es fundamental oscilar entre la firmeza del técnico que sabe guiar y que se ocupará de la persona y la justa dosis de sensibilidad que posibilita sintonizar con la necesaria delicadeza y así eliminar con mayor facilidad cualquier posible resistencia al cambio (Nardone, 2003b; Nardone y Balbi, 2008, 2015; Nardone y Milanese, 2018).

A nivel operativo, todo esto se traduce en el uso de una sutil ironía que sintonice delicadamente con la necesidad de la persona para que confíe y se abra sin sentirse invadida; al contrario, más bien debe sentirse respetada, aunque debemos entrometernos poco para poder averiguar por qué se ha congelado su intimidad. Así pues, anticipándole que lo que le íbamos a pedir iba a ser inevitablemente embarazoso y que trataríamos de hacerlo con un poco de sana ironía, rompimos el silencio del primer impacto. Después empezamos a plantear a la joven una serie de preguntas que debían ayudarnos a definir el problema y conseguir que ella se fuera soltando poco a poco y que se abriera a nosotros, acrecentando así su ya evidente motivación al cambio (Nardone y Salvini, 2004; Nardone, 2014a, 2015).

MAGDALENA: No consigo tener relaciones sexuales; nunca las he tenido completas. Ese es mi problema, además del pánico. Hasta hace un año tuve ataques de pánico muy fuertes y frecuentes. Ahora, en cambio, apenas tengo; son raros. Pueden aparecer al cabo de cuatro o cinco meses. Esa es la frecuencia.

COTERAPEUTA: ¿Ves una interrelación entre el pánico y el problema sexual?

MAGDALENA: No, no la veo.

COTERAPEUTA: ¿Estás con alguien en este momento?

MAGDALENA: Sí, ahora estoy con una persona; desde hace poco; más o menos dos meses.

COTERAPEUTA: ¿Y tu problema es la relación sexual en sentido estricto o también otras formas de contacto?

MAGDALENA: La relación sexual.

COTERAPEUTA: De manera que el problema es la penetración.

MAGDALENA: Sí, eso es, el bloqueo solo se produce ahí... es un poco delicado...

TERAPEUTA: ¡Desde luego! Escucha, nosotros intentaremos que esto sea lo más sereno posible, ¿te parece?

MAGDALENA: Sí.

TERAPEUTA: De acuerdo. Ahora dime: ¿el problema solo surge en el momento de la penetración o en todas las fases preliminares?

MAGDALENA: Solo en ese momento. Anteriormente tuve una relación bastante larga. Duró cinco años. Por entonces el problema ya existía en las fases preliminares. En cambio, con esta persona no es así.

TERAPEUTA: Bien. ¿Significa eso que todas las fases preliminares son agradables?

MAGDALENA: Sí.

TERAPEUTA: Es decir, que todo se enciende y se apaga en el momento de la penetración.

MAGDALENA: Sí, eso es, me bloqueo.

TERAPEUTA: Te quedas congelada, te tensas por completo...

MAGDALENA: Sí.

Terapeuta: Supongo que habrás realizado varios intentos con esa persona que ha conseguido excitarte en las fases preliminares. ¿O no habéis hecho ninguno?

Magdalena: ¡Claro que sí! Lo intentamos.

Terapeuta: ¿Cómo lo intentáis? Por ejemplo, ¿prolongáis los preliminares para ver si tú te relajas y luego…?

Magdalena: Sí, sí. También lo he intentado bebiendo (se ríe).

Terapeuta: ¡Ah! Lo has intentado bebiendo; te dices: «pierdo el control…».

Magdalena: ¡Nunca se sabe!

Terapeuta: *In vino veritas,* pero *in vino veritas* en realidad es «me tenso».

Magdalena: Sí (se ríe).

Terapeuta: ¿Y luego? ¿Algún intento más?

Magdalena: Esto…, eso es todo. Solo lo hemos hecho así.

Terapeuta: ¿Es la primera vez que decides afrontar este problema?

Magdalena: Sí.

Terapeuta: Pues dado que estamos hablando de un problema embarazoso, no nos queda más remedio que hacer preguntas embarazosas.

Magdalena: Ya me imagino.

Terapeuta: Pero como ves, nos lo tomamos con una pizca de sana ironía. Autoironía… ¿El terror a la penetración que te congela solo se da en la penetración efectiva o también en los tocamientos de diferentes tipos?

Magdalena: También en eso; me duele. No sé si se debe a que me tenso o a otros motivos, pero me duele.

Terapeuta: Así que tratas de evitar cualquier tipo de penetración, no solo esa…

MAGDALENA: Sí, sí, eso es. O al menos intento hacerlas durar poco, porque después no las soporto… Me duelen. Estoy tan tensa que me duele.

TERAPEUTA: Está bien. Otra pregunta escabrosa: ¿tratas de tener a tu novio y a cualquiera lejos de esa zona o dejas que se acerquen hasta que…?

MAGDALENA: Dejo que se acerquen. Me gustaría que sucediera otra cosa, pero todo está bloqueado.

TERAPEUTA: ¿Y cuando te dispones a tener contactos siempre piensas: «tengo que conseguirlo, tengo que conseguirlo, tengo que conseguirlo»? ¿O no?

MAGDALENA: Sí, eso pienso.

TERAPEUTA: ¿Te has rendido?

MAGDALENA: Hace tiempo me rendí, pero ahora no.

TERAPEUTA: Porque él ha conseguido excitarte con las demás cosas…

MAGDALENA: Sí, pero además se trata de una cuestión personal. Quería desbloquear la situación como fuera; era importante para mí porque después toca… afecta a todas las facetas de tu vida. No te sientes completa como persona y entonces…

TERAPEUTA: Eso es inevitable, ¿no? Una última cosa: ¿el miedo a la penetración se debe al dolor que sientes o tras él hay imágenes o fantasías específicas?

MAGDALENA: Dolor. No tengo imágenes ni fantasías… Solo dolor.

TERAPEUTA: Ahora tengo que hacerte otra pregunta, también escabrosa, así que te ruego que me disculpes. El dolor causado por la penetración ¿solo lo sientes si te penetra alguien o también cuando lo haces sola?

MAGDALENA: Tampoco puedo hacerlo sola.

TERAPEUTA: El dolor es inmediato.

MAGDALENA: Sí; lo he intentado, pero enseguida he tenido que desistir.

TERAPEUTA: De acuerdo. Supongo que habrás hecho varias visitas ginecológicas para...

MAGDALENA: Poquísimas, porque me molesta. Solo he hecho dos que eran imprescindibles.

TERAPEUTA: Y también en ese caso...

MAGDALENA: Sí.

TERAPEUTA: Porque el ginecólogo le dijo: «Relájese».

MAGDALENA: Sí, exacto (se ríe).

TERAPEUTA: Bien. Esta vez te proponemos dos cosas. Una es una pregunta teórica, un poco extraña, que te harás todos los días y que te comunicará la doctora, mientras que la indicación directa te la daré yo. En parte porque en esta terapia ella será la buena y yo el malo. Tenemos que dividirnos. Ella es la santa y yo el demonio, ¿te parece? Pues como pequeño diablo que soy solo te pido esto: a partir de ahora, y hasta que volvamos a vernos dentro de un par de semanas, más o menos, me gustaría que cada vez que tú y tu compañero tengáis un encuentro erótico evitéis por completo la penetración. Se trata de una prohibición total. En lugar de eso tenéis que jugar con todo lo demás. Por lo visto sabéis hacerlo muy bien, aunque aún podéis hacerlo mejor... Todo se puede mejorar, ¿no? Cuando estés excitada nos gustaría que tú y tu compañero os acercarais y pusierais en contacto los dos órganos genitales, pero que os quedarais así, solo rozándoos, durante un minuto. Pasado este tiempo, podréis seguir con vuestros juegos. ¿De acuerdo?

MAGDALENA: De acuerdo.

TERAPEUTA: Durante dos semanas solo las estatuas en contacto.

MAGDALENA: Sí.
TERAPEUTA: ¿Te parece bien?
MAGDALENA: ¡Claro! (se ríe).
COTERAPEUTA: Desde hoy, y hasta la próxima vez que nos veamos, nos gustaría que todos los días te hicieras una pregunta algo extraña. De hecho, te pedimos que intentes pensar no en cómo podrías mejorar tu situación, sino en cómo podrías empeorarla. En otras palabras, la pregunta es: «Si yo estuviera tan loca que en lugar de mejorar quisiera, voluntaria y deliberadamente, empeorar mi situación, ¿qué debería hacer o dejar de hacer? ¿Qué debería o no pensar?». Naturalmente, solo debes pensarlo, no ponerlo en práctica.
MAGDALENA: Vale.
COTERAPEUTA: La lógica es esta: si queremos enderezar una cosa, antes debemos aprender todas las maneras de retorcerla más. Así pues, qué debería o no hacer, qué debería o no pensar para empeorar voluntaria y deliberadamente mi situación. Lo escribes todo en una hoja y la próxima vez nos traes las respuestas.
MAGDALENA: De acuerdo.
TERAPEUTA: Muy bien. Entonces tienes dos tareas: una teórica y otra muy práctica.
MAGDALENA: Sí.
TERAPEUTA: Nos vemos dentro de un par de semanas.

Magdalena salió de nuestro estudio con una actitud diferente si la comparamos con la que tenía cuando entró: ya no miraba al suelo, sino hacia delante, y sus ojos brillaban risueños. Por nuestra parte, después de haber captado la atención de la joven y de habernos ganado su colaboración, introdujimos las dos maniobras que suelen utilizarse en este caso. La prescripción del juego de las «estatuas» tiene como objetivo poner a la persona en condiciones propicias para bloquear el intento de la mente de guiar el cuerpo de forma relajada y tranquilizadora. Paradójicamente, esto activará el cuerpo de forma natural, sin forzarlo, aprovechando su propensión al placer de manera muy gradual y respetando los tiempos necesarios. La segunda indicación sirve para evidenciar todo lo que la persona realiza en el intento obsesivo por resolver el problema, que en realidad lo empeora, e intervenir de forma mucho más específica.

En el segundo encuentro Magdalena nos dijo que había realizado las dos tareas y que las cosas habían ido bien.

MAGDALENA: «Bien» significa que me siento más relajada.

TERAPEUTA: Así que, como os dijimos, habéis estado en esa posición y antes y después habéis hecho todo lo que queríais pero sin penetración.

MAGDALENA: Sí.

TERAPEUTA: ¿Habéis conseguido daros placer recíprocamente con este nuevo método?

MAGDALENA: Sí.

TERAPEUTA: ¿Tú también?

MAGDALENA: Sí.

TERAPEUTA: ¿Sin dolor? ¿Y mientras os dabais placer el uno al otro él solo te acarició o también entró?

MAGDALENA: Entró.

TERAPEUTA: Entonces hubo algo más.

MAGDALENA: Sí.

TERAPEUTA: La intrusión.

MAGDALENA: Sí.

TERAPEUTA: Y no sentiste dolor.

MAGDALENA: No, en parte porque hicimos las cosas con calma. Hubo una intrusión, breve, sin...

TERAPEUTA: Y, mientras estabais en contacto, las estatuas...

MAGDALENA: (Sonríe).

TERAPEUTA: ¿Te tensaste o estabas relajada?

MAGDALENA: Estaba relajada.

TERAPEUTA: El hecho de que supieras que no debías ir más allá...

MAGDALENA: Sí, sí, esto me ayudó a estar relajada, a que no me bloquease.

TERAPEUTA: ¡Ya lo creo que estabas relajada!

MAGDALENA: (Se ríe).

TERAPEUTA: Y supongo que tu compañero también estuvo mucho más relajado, ¿verdad?

MAGDALENA: Sí.

TERAPEUTA: E imagino que, disculpa si insisto, volvisteis a descubrir un poco de sano erotismo, porque suele suceder que cuando nos concentramos en una cosa solo queremos hacer eso y olvidamos todo lo demás; el antes y el después, ¿no?

MAGDALENA: Sí.

Obtuvimos los efectos que queríamos y con ello creamos la primera base fundamental para alcanzar nuestro objetivo, es decir, el bloqueo del control. Tal y como imaginábamos, y como le hicimos descubrir, con la prescripción de pensar cómo empeorar la situación se puso de manifiesto que el bloqueo de Magdalena estaba causado por el sentimiento de desconfianza y el miedo a no lograrlo, y que cuando ella se bloqueaba, justo antes de la penetración, se sentía atenazada por el miedo, que se manifestaba mediante una serie de imágenes dolorosas.

Estas revelaciones nos permitieron proceder de forma precisa tanto en la parte de experimentación activa como en la psicológica, relacionada con el miedo.

Terapeuta: Tenemos dos indicaciones; una te la daré yo y otra ella, como siempre. Yo te daré la más intrusiva.

Magdalena: De acuerdo.

Terapeuta: Lo que debéis hacer ahora es continuar con lo que estáis haciendo, con los juegos de antes; hacia la mitad, jugad a las estatuas y permaneced varios minutos no solo en contacto, sino con una pequeñísima, casi imperceptible penetración. Pero sin moveros. Justo lo que se dice con un pie en la puerta, ¿entiendes? Sé que esta metáfora es fea, pero no conozco otra más adecuada. Solo el pie en la puerta, ¿de acuerdo?

Magdalena: Sí.

Terapeuta: Luego podéis seguir jugando. En cambio, la segunda indicación tiene que ver con el miedo y a esto deberás dedicarle media hora al día. ¿Tienes media hora libre después de comer?

Magdalena: Sí, sí.

Coterapeuta: Hasta la próxima vez que nos veamos, cada día, después de comer, cogerás un despertador e irás a una habitación de tu casa donde nadie te pueda molestar; te pondrás cómoda, relajada, con poca luz y las persianas bajadas, en el sofá o en la cama. Pondrás el despertador para que suene media hora más tarde y en esa media hora pensarás en las peores fantasías relativas a tu situación: «me dejará si no consigo tener una relación con él»; «si lo consigo, me dolerá». Insisto: las peores fantasías relativas a tu situación. Además, harás aquello que te apetezca: si es llorar, llorarás; si te apetece gritar, gritarás; lo que tú quieras. Párate cuando suene el despertador. Apágalo, ve a lavarte la cara y vuelve a tu jornada habitual. Lo que es importante es que en esa media hora te procures las peores fantasías con respecto a tu situación y hagas todo lo que quieras hacer. Da igual si consigues estar mal o no, si logras pensar o no; debes permanecer allí tratando de introducirte lo más dentro posible de tus peores fantasías. Todo terminará cuando suene el despertador. Lo apagarás, te lavarás la cara y volverás a tu jornada habitual. ¿De acuerdo?

TERAPEUTA: Esta vez nos veremos dentro de dos semanas, ¿te parece?

Como ya escribía Horacio: «Quien bien empieza ha hecho la mitad de la obra».

Como sucedió durante las cinco sesiones restantes, la primera indicación procede, mediante intrusiones progresivas cada vez más penetrantes, hasta que gradualmente se llega a la «toma de la Bastilla». La peor fantasía actúa, en cambio, en la dirección de reorientar la manera en que la persona gestiona y utiliza sus miedos. Se trata de una estrategia paradójica que interrumpe el intento de la mente de combatir las sensaciones que son fuente de temor, unas sensaciones que, cuanto más tratan de desecharse, más aumentan, para así aprender, mediante pasos progresivos, a acrecentar el miedo para reducirlo (Nardone, 1993, 2000, 2003b; Nardone y Balbi, 2008; Nardone, 2014a).

Así pues, mientras mantenemos la ruta con las «estatuas», desarrollamos la peor fantasía en dos fases de adiestramiento:

Primera fase: «El de permanecer media hora con la peor fantasía pretendía dar un primer paso en una especie de adiestramiento que querríamos hacer contigo para que aprendas a enfrentarte a tu miedo, para que este se transforme en valor. Así pues, en adelante, y hasta la próxima vez que nos veamos, todos los días, a las mismas horas, esto es, a las nueve de la mañana, a las doce, a las tres de la tarde, a las seis y a las nueve de la noche, es decir, cada tres horas, cinco veces al día, mirarás el reloj, sin importar donde estés, durante cinco minutos, e imaginarás las peores fantasías relativas a tu situación. En este caso no se trata de aislarse, porque solo es un juego mental, una especie de búsqueda mental de tus peores fantasías. Una búsqueda que realizarás cinco veces al día, a las nueve de la mañana, a las doce, a las tres de la tarde, a las seis y a las nueve de la noche, procurando no aislarte, mirando el reloj, persiguiendo tus fantasmas para que se desvanezcan, mirando cara a cara a tu miedo para que se transforme en valor. ¿De acuerdo?».

Segunda fase: «Además de esto, seguimos con nuestro adiestramiento. Hasta ahora te hemos pedido que te encuentres con tus miedos de forma previsible y programada, y estos encuentros han sido esenciales para dar el siguiente paso que, si me permites, debe dejar algo de espacio a la improvisación. Con esta tarea tendrás la posibilidad de tomar dos direcciones: la primera concierne a todas las situaciones en las que el miedo se apodera de ti, de repente, en las que tus fantasmas te atrapan cuando menos te lo esperas. Si esto ocurre, y naturalmente solo si esto ocurre, mirarás el reloj e imaginarás, durante cinco minutos, los peores escenarios relativos a tu situación; te enfrentarás a tu fantasma durante cinco minutos para obligarlo a desvanecerse. La otra dirección hace referencia a los momentos previos a los encuentros. En este caso, y antes de cada uno de ellos, mirarás el reloj y durante cinco minutos ahondarás en tus peores fantasías sobre el encuentro; durante cinco minutos mirarás al miedo a la cara para que se transforme en valor. Queremos que cada vez seas más habilidosa, que aprendas a cabalgar mejor las olas, incluso si se desencadena una tormenta, más o menos amenazadora, más o menos previsible. Queremos prepararte para cualquier eventualidad, tanto si es previsible como si no lo es, y en los dos casos mirando el reloj y sumergiéndote durante cinco minutos en las peores fantasías relativas a tu situación; tocando al fantasma para que se desvanezca nada más aparecer, mirando al miedo a la cara para que se transforme en valor. Recuerda que el valor solo es un miedo derrotado. Así que, procederemos de esa manera».

Magdalena procedió de este modo hasta que, en el quinto encuentro, se detuvo: todo había transcurrido bien hasta que su mente se dio cuenta de que algo estaba cambiando y que había tenido miedo de sentirse mal. Fuera de los encuentros no había vuelto a sentir ningún tipo de ansiedad; incluso había empezado a relajarse antes del ejercicio, hasta que, al profundizar algo más en él, por su mente pasó la imagen de una herida desgarradora. En ese momento se tensó, sintió dolor y la necesidad de pararse. Nos dijo que, en realidad, más que dolor, que fue mínimo, lo que la había bloqueado había sido la imagen del desgarro. A partir de ese momento continuó haciendo su ejercicio, pero con menor intensidad.

Todo esto nos estimuló a proponer una reestructuración, que en el caso de Magdalena fue decisiva para desbloquearla y para resolver el problema por completo:

TERAPEUTA: ¿Cuándo se produce la herida desgarradora? Cuando, disculpa la imagen que debo usar..., cuando algo blando o relajado te penetra con violencia, o cuando lo que te penetra está duro y rígido?

MAGDALENA: Duro y rígido, supongo.

TERAPEUTA: De acuerdo. Además, si algo te penetra no de forma violenta, sino dulce, gradual y progresiva, incluso si ese algo está duro, ¿también se produce el desgarro?

MAGDALENA: No, en ese caso no.

TERAPEUTA: ¡Perfecto! Así pues, lo que me estás diciendo es que el desgarro verdaderamente doloroso solo se produce si hay tensión en el receptor y violencia en quien penetra. ¿Es así?

MAGDALENA: Hum.

TERAPEUTA: Si, en cambio, el receptor está tenso pero la penetración es dulce y gradual, entonces no se produce ningún desgarro.

MAGDALENA: No; en ese caso no.

TERAPEUTA: Bien. Esto nos servirá para que empieces a sentir en tu interior la sensación de que, cuanto más te tensas, más provocas lo que temes, lo que significa que debemos tener miedo de lo que en apariencia nos defiende de él porque lo provoca y lo realiza. Otra cosa: incluso en el caso de que no logres relajarte, si la penetración no es violenta es poco probable que se produzca un desgarro.

Con esto solo quiero presentarte una nueva manera de ver las cosas, ¿de acuerdo?

Lo que hicimos fue crear un «doble vínculo» (Bateson, 1972; Selvini Palazzoli, Boscolo, Cecchin y Prata, 1975; Sirigatti, Stefanile y Nardone, 2008; Nardone y Salvini, 2013, 2018), es decir, una situación que pone a la persona en una condición en la que, sean cuales sean las eventualidades que se presenten, alcance el objetivo, que no es otro que bloquear el control mental para favorecer el flujo de sensaciones.

En el séptimo encuentro, Magdalena nos contó que no solo había conseguido tener una relación, sino tres; y no solo sin sentir dolor, sino sintiendo un poco de placer. Esbozando una sonrisa, nos confesó que lo único que ambos debían hacer a partir de ahora era mejorar. Volvimos a vernos al cabo de un mes, de tres, de seis y, por último, de un año, hasta que la joven regresó para decirnos que ya no nos necesitaba porque no solo podía afirmar que había resuelto el problema por el que nos había pedido ayuda, sino que, sobre todo, su vida había dado un vuelco de 360 grados. La intervención en el problema que la invalidaba le había permitido a Magdalena adquirir una confianza en sí misma que jamás había experimentado; gracias a ello, había tenido la fuerza de cambiar de trabajo y de irse a vivir con su novio. Siete encuentros habían sido suficientes para cambiarle la vida. Según la antigua sabiduría: «Nada en exceso, solo lo suficiente».

6. El *cybersex* y las nuevas fronteras de la terapia: casos clínicos

Cada problema profana un misterio que,
a su vez, es profanado por su solución.
Emil Cioran

Dirty talk: un secreto a voces

Heather llega desesperada a nuestra consulta para contarnos su *nightmare* (pesadilla). Es una joven de unos treinta años, de rasgos provocadores, en contraste con sus maneras bastante refinadas y su modo de vestir minimalista. La joven acude a nuestra consulta procedente de Reino Unido después de haberlo intentado todo y de haber oído hablar de nosotros en alguna parte como la «última oportunidad» a la que recurrir antes de darse por vencida. Decidió emprender su viaje de la esperanza porque se siente esclavizada por una relación que, en buena medida, se mantiene en pie por lo que ella define como *a sexual vice* (vicio sexual). Heather quiere a Wes, su compañero desde hace diez años. Los dos se conocieron en internet a través de una aplicación en la que se habían registrado para jugar, dado que su trabajo y los compromisos cotidianos los ocupaban tanto que no tenían bastante tiempo libre como para conocer personalmente a alguien. Ella se estaba recuperando de una relación que no había terminado demasiado bien y que la había hecho sufrir, mientras que a él no le gustaba hablar de sí mismo y aún menos de sus relaciones anteriores, hasta tal punto que esa rara capacidad de guardárselo todo para él y de rodearse de una agradable aureola de misterio la había intrigado.

Desde el principio, Heather y Wes sintieron una gran sintonía, primero desde el punto de vista intelectual y después erótico, sin encontrarse ni verse, pero escribiéndose palabras cada vez más sensuales que luego pasaron a ser sexuales y, más tarde, por decisión sobre todo de él, oyendo cómo el otro pronunciaba lo que muchos se habrían avergonzado de decir o de oír de boca de alguien a quien nunca le habían visto la cara. En un principio Heather se había sentido abrumada por unas sensaciones que jamás había experimentado y algo aturdida por la idea de ser una gran profesional que por la noche, en la intimidad de su cama, acogía a una voz que le pedía que realizara una extraña *dirty talk* (conversación indecente).

Al cabo de unos meses de intercambios cada vez más intensos y arrolladores, Heather sintió la necesidad de ponerle cara a la voz que la había enamorado y Wes, pese a que dudaba, aceptó verla a condición de que prosiguieran con los intercambios eróticos nocturnos como manera de darse las buenas noches. Esto fue lo que hicieron y lo que mantuvieron durante cinco años después de haberse conocido, de haberse gustado y comprometido. Parecía algo perfecto hasta que decidieron convivir y todo se derrumbó cuando él entró en la cama con ella en carne y hueso. El problema no era que el sexo no funcionara, sino que faltaba algo muy íntimo y, con ello, las ganas de hacer el amor. Decidieron casarse, porque se querían, pero el hecho de que ya no tuvieran relaciones sexuales resultaba demoledor para ella, pues no se sentía deseada como antes, mientras que para él era como si vivieran una relación a medias.

TERAPEUTA: ¿De manera que el problema actual es que ya no hacéis el amor?

HEATHER: ¡Ojalá! —respondió la mujer en italiano con un marcado acento *british*—. ¡Ojalá fuera eso! El problema es que desde hace un par de semanas él viene a la cama tarde. Nos levantamos juntos del sofá para acostarnos, pero antes se entretiene en su estudio arreglando cosas, según dice. Todas las noches. Después viene a la cama, se acerca a mí, me posee como un adolescente, como no hacía desde hace varios años, de forma casi animal. Todas las noches, desde hace quince días.

Este cambio de actitud de su marido primero la había sorprendido y luego la había hecho sospechar, hasta que descubrió algo que le pareció inaceptable: Wes había retomado el vicio con el que se habían conocido, solo que en esa ocasión no era con ella, sino con @hanna, @lucienne, @maria, una tal @karen y @sweetcat. Atónita por el descubrimiento de lo que ella define como una traición, no se lo contó a Wes porque temía cometer un error.

Al comprender la desesperación de nuestra Heather, le preguntamos:

TERAPEUTA: ¿Qué debería cambiar en tu vida para que nos dijeras: «Gracias por haberme ayudado»?

HEATHER: Que todo vuelva a ser como antes, que mi marido se acueste conmigo sin necesitar a las demás, que entre nosotros vuelva a encenderse la intimidad que ya no existe desde hace demasiado tiempo. Yo solo lo quiero a él y quiero que él solo me quiera a mí.

Utilizando una modalidad especial de diálogo, que más que indicar lo que hay que hacer permite que la persona comprenda emotivamente cuál es la solución (Nardone y Salvini, 2004; Nardone, 2009), le proponemos a la mujer un nuevo punto de vista sobre el aparentemente triste epílogo de una historia feliz. Más que interpretar el comportamiento de su marido como una traición, quizá habría sido útil preguntarse qué era aquello que, con el tiempo, había fallado entre ambos, es decir, lo que desde un principio había contribuido a que su historia fuera original (el elemento distintivo).

Juntos determinamos que todo cambió cuando, al irse a vivir juntos, dejaron de jugar a lo que los dos consideraban el excitante juego del *dirty talk,* hasta tal punto que, desde entonces, de forma progresiva pero rápida, sus relaciones íntimas dejaron de existir. En su relación, el mundo real y el virtual siempre se habían reforzado de manera recíproca. Al faltar una vivencia, la otra había ido menguando gradualmente. Heather nos mira con aire inquisitivo y, esbozando una sonrisa vacilante, nos pregunta: «¿Significa eso que debemos volver atrás y hacer lo que hacíamos al principio?».

Le proponemos un experimento:
—Dado que conoces el nuevo apodo de tu marido, cuando vuelvas a casa y él se ausente para arreglar sus cosas, como hace todas las noches a la misma hora, conéctate con el

perfil que utilizabas antes sin decirle nada a él, claro está, pero al mismo tiempo aludiendo a algún tipo de intimidad que te haga reconocible y que le permita a Wes saber quién eres sin necesidad de preguntártelo. Chatea con él con mucho *dirty talk* durante treinta minutos y después te despides con estas palabras: «Si estuvieras aquí…»; luego te desconectas. Deja el teléfono y espéralo desnuda en la cama. Nos intriga saber qué pasará.

Heather salió de nuestra consulta liberada de la desesperación y con la mirada viva y consciente de quien sabe que algo va a cambiar a partir de ese momento y le va a restituir el objeto de su deseo. Al cabo de dos semanas nos dijo que había seguido al pie de la letra nuestras instrucciones todos los días, con unos resultados sorprendentes. Las primeras noches, después de haber chateado, él entraba en la cama y la miraba, pero sin hacer nada. Más tarde, con el paso de los días, «Wes debió de intuir algo, porque una vez en la habitación hizo justo lo que habíamos imaginado virtualmente, solo que de manera más íntima, más arrolladora. ¡Por fin!».

¿Qué había sucedido? Habíamos reintroducido el mundo virtual en una pareja que había nacido en la red. Además, lo habíamos incorporado a la realidad realizando de manera concreta las fantasías que habían surgido y que la pareja había vivido en el *chat* manteniendo el aspecto de la transgresión, que había sido para los dos la primera palanca de atracción. La parte más transgresiva de nuestra indicación no fue prescribir el *dirty talk,* utilizar la red ni realizar las fantasías, sino el pequeño «secreto a voces» sobre la identidad de los dos «amantes virtuales».

Mirar, pero sin tocar: un trofeo para exhibir

Juana se ha perdido. Según nos dice, ha venido a vernos por una inestabilidad emotivo-afectiva que la acompaña desde que era niña, es decir, desde hace poco, porque Juana es muy joven y porque, además, quiere resolver «una especie de fobia social». Observándola bien parece una niña disfrazada de adulta, con una boca grande, que el pintalabios rojo resalta aún más, y unos modos casi presuntuosos, típico de las personas que gustan pero que, quizá, no se gustan lo suficiente. El problema que nos plantea es que ya no logra vivir su vida normal sin sentirse fuera de lugar, sin estar a la altura y, en cierta forma, defectuosa.

—Todo empezó cuando, al jugar, como todos me habían dicho que era muy fotogénica y que, por tanto, resultaba mejor en fotografía que en persona, empecé a sacarme fotos y a colgarlas en Instagram. Conseguí varios *follower* que, poco a poco, un *post* tras otro, se convirtieron en muchos más de los que jamás habría imaginado que podría obtener. Como nunca he sido una persona muy extrovertida, pensé que era una buena tarjeta de visita que me ayudaría en mis relaciones reales, que, a decir verdad, eran escasas. Los resultados que había obtenido me hacían muy feliz, así que, sin darme cuenta, subí un poco el listón, y si antes subía fotos normales, sobre todo de la cara y poco más, luego pensé que mi popularidad aumentaría si compartía fotos un poco más, digamos, subidas de tono. Funcionó. Los *follower* aumentaron y cada vez hacían más comentarios, hasta tal punto que casi empecé a creer que era realmente guapa y que podía gustar.

El relato de Juana no nos parece muy distinto del de millones de jovencitas que, buscando la visibilidad, siguen ese mismo camino. Cuando la joven entra en detalles, la situación nos resulta aún más clara:

—Pensaba que si mi popularidad en la *web* aumentaba, tendría más amigos y estos me buscarían, y que, quizá, le gustaría a un chico y sería feliz con él; pero solo era una ilusión. Cuando salía a la calle me preguntaba si las personas me encontraban tan guapa como en las fotos, y cuanto más me lo preguntaba, más tenía la impresión de que los demás me miraban de forma extraña, no sé cómo decirlo, casi críticos, como si pensaran que no merecía toda esa popularidad. Por no hablar de los chicos… También me miraban como si me desearan. No oía lo que decían, pero sus miradas eran elocuentes. Así pues, pensé que lo mejor que podía hacer para sentirme bien, para sentirme menos sola, más deseada, más guapa y quizá también más amada, era aumentar mis interacciones en la red.

A través de las redes sociales Juana conoció a muchos chicos, empezó a registrarse en aplicaciones para chatear con los que eran como ella y, cuando entraba en el personaje virtual, se sentía viva mientras contaba sus veladas, sus encuentros y lo plena que era su vida. Pero cuando se levantaba por la mañana para ir al colegio volvía a ser ella, sin amigos, sin novio, sin nada que contar: un bluf. Nada tenía sentido.

«Entonces me encerré aún más. Ahora me siento atrapada en un personaje que no existe, pero del que no puedo privarme porque mi vida es un asco y si dejo de publicar *post* prefiero acabar con todo…».

Juana pasa más tiempo en el mundo virtual de lo que es capaz de construir en el real, con la discrepancia entre un mundo ficticio donde todo resplandece y una realidad que no existe porque no se vive. Actualmente está en el primer año de universidad. Se ha instalado hace poco en otra ciudad y sin duda esto coadyuvará a alcanzar el objetivo de guiarla en la construcción, por fin, de las relaciones sociales que la ayudarán a percibir una imagen de sí misma, tanto desde el punto de vista físico como del carácter, no desfigurada por la lente deformadora de la *web*.

Damos a Juana una primera indicación: «Aunque sabemos que te supondrá un esfuerzo, hasta que volvamos a vernos sal todos los días de casa una media hora, como mucho una hora, y vestida como te parezca; busca en el comportamiento, la cara y la actitud de los demás las señales que te indiquen que no gustas lo suficiente, que eres un bluf, que no vales. Anota a diario todas las observaciones. Luego las comentaremos». El objetivo, que no le explicamos porque debe descubrirlo por sí misma, es echar por tierra las ideas paranoicas y persecutorias que hacen que se vea tan fea y diferente de la imagen que se ha construido en la *web*, que teme que se burlen de ella hasta tal punto que solo puede permitirse relaciones etéreas. La joven nos mira desconcertada, pero esboza una media sonrisa y nos pregunta:

JUANA: Pero ¿y si no encuentro nada?
TERAPEUTA: Entonces quizá signifique que aquello de lo que te estás defendiendo no existe y que...
JUANA: ¿Me lo he inventado todo?

Después de este intercambio, le damos la segunda indicación, la relacionada con la compulsión virtual, y le prescribimos:

—Arréglate bien todos los días, ponte lo más guapa que puedas. Sácate todos los *selfies* posibles en las aplicaciones habituales; así obtendrás el avatar más representativo de la manera en que te gustaría que los demás te percibieran para gustarles lo más posible. Cuando creas que lo has conseguido, envíalo. En cuanto a los *chats,* no los deseches, porque ahora son la única ventana que te une al mundo, así que no debemos eliminarlos, sino utilizarlos para que puedas escapar de la prisión que te has construido: es como si para protegerte de un presunto enemigo hubieras subido al desván con una escalera, la hubieras quitado para impedir agresiones y luego no pudieras bajar. Así pues, durante las próximas dos semanas deberás conectarte cada hora con el *chat* o la red social que prefieras, y durante diez minutos, ni uno más ni uno menos, deberás vivir tu realidad virtual. Una vez concluido este tiempo, *stop*. Solo debes hacer esas dos cosas; si no nos extraviaremos.

Juana sale del estudio desconcertada, pero se marcha sin preguntarnos nada más. Vuelve a vernos al cabo de dos semanas y nos dice que ha comprendido que los enemigos que veía antes estaban en su cabeza. Cuando se puso a observar, la mayoría de las veces los demás no «trataban de coquetear con ella»; en otras ocasiones reaccionaban positivamente a su mirada. Incluso descubrió que a un joven, que en su opinión hablaba mal de ella, en realidad le gustaba y que le había escrito en Messenger. Además, nos dice que eso de tener que entrar en el *chat* y en las redes sociales cada hora es aburridísimo: una auténtica tortura. Muchas veces ni siquiera tiene ganas de hacerlo; otras sí, pero más porque se siente sola que por efectiva necesidad.

El aspecto más sorprendente de los «deberes para casa» fue la parte de los *selfies*. Mientras dice esto, Juana saca del bolso un sobre con todas las fotos impresas y las extiende sobre la mesa en abanico, de la primera a la última. Las observamos atentamente, pero enseguida comprobamos cuál es el efecto más importante: en todas ellas la joven se fue quitando poco a poco todos los oropeles que la ocultaban; no solo los filtros, sino también el abundante maquillaje o la ropa provocadora. Solo le queda el pintalabios rojo que siempre le ha gustado. Nos dice que cree que quiere seguir trabajando para descubrir cómo le gustaría mostrarse de verdad, y que siente que va por el buen camino.

Le decimos que siga respetando las mismas indicaciones, con la única diferencia de que entre en el *chat* diez minutos cada dos horas. En cada encuentro aumentamos los intervalos de la «tortura» hasta llegar a un uso sano del instrumento tecnológico. Cada vez que sale, Juana utiliza espontáneamente la interacción con los demás para recibir un *feedback* sobre su nueva imagen: nos cuenta que ha intentado hacer el experimento de mantener todo el día el personaje construido a través del *selfie* y de interactuar con el mundo real de esa manera. Ha notado, en un principio con gran sorpresa y después con agradable satisfacción, que cada vez gusta más a los demás, tanto dentro como fuera de la red, y que cuanto más se viste y menos se maquilla o se retoca con Photoshop, más miradas y comentarios positivos y aprobatorios recibe.

Vimos a la joven en diez ocasiones en total, espaciando cada vez más los encuentros. Siempre que volvía a nuestra consulta parecía distinta, hasta que, tras haber eliminado la compulsión de chatear y haber transformado el mundo exterior de enemigo que debía combatir a terreno de prueba de su nueva imagen, tuvo también el valor de responder al mensaje que el presunto enemigo fantasmal le había enviado.

Juana se despidió de nosotros con la intención de no volver, ya que no nos necesitaba.

Fobia al sexo: pornografía por error

Viene a vernos una familia al completo, compuesta de un padre, una madre y un hijo de unos quince años. Los padres están muy preocupados por la ansiedad que atenaza a su hijo desde hace varios meses. Antes era un joven extrovertido, con muchos amigos, siempre sonriente y afectuoso (eso dice su madre, que añade que ya no lo reconoce). También el padre admite que, a pesar de que suele estar ausente por motivos de trabajo, observándolo en un principio a petición de su esposa, ha notado que el chico se ha encerrado en sí mismo, que parece sobre todo temeroso, no solo del mundo exterior, sino también del contacto con ellos. Le preguntamos a Rocco si está de acuerdo con esa opinión y él, alzando la mirada lo justo para mirarnos de arriba abajo, asiente con la cabeza.

Los padres empezaron a interrogar a su hijo temiendo que pudiera estar escondiéndoles algo importante, como el uso de drogas, acoso, un abuso o cualquier otra experiencia traumática. Después de mucho insistir, Rocco aceptó hablar con su padre de aquello que lo aterrorizaba.

Hacía unos dos años, mientras jugaba a «verdad o reto», tuvo que mirar por obligación parte de una película pornográfica de argumento homosexual. La sensación que experimentó en un primer momento no solo fue de una profunda y comprensible vergüenza, pues nunca había visto un vídeo de ese tipo, ni siquiera imágenes sexuales, sino sobre todo de una extraña turbación. Después olvidó el hecho, como sucede en la mayoría de las novatadas, hasta que el año pasado pulsó por error un anuncio que no tenía nada que ver con el sexo y se encontró con un vídeo más o menos del mismo tipo e, incapaz de cerrarlo, se vio abocado a verlo. Desde entonces no ha podido quitárselo de la cabeza. Cuanto más trata de desechar esas imágenes de su mente, más nítidas y llenas de detalles escabrosos se le aparecen.

Percibimos el sufrimiento del joven mientras escuchamos su relato. Presta mucha atención a lo que dice de él su padre, y cuando definimos estos pensamientos como obsesivos, toma la palabra para completar el cuadro. Con los ojos llenos de lágrimas, nos dice que no lo ha confesado todo, que si bien lo que ha contado su padre es cierto, falta el hecho de que, además de las imágenes, tiene la impresión de que se ha activado en él una necesidad impelente de abrir el ordenador para ver los fotogramas destinados a convertirse en una pesadilla. Y por si fuera poco, desde hace unos meses, cuando ve a una joven imagina todo lo que podría hacerle y nada de todo eso es romántico ni sentimental, sino carnal y extremo.

TERAPEUTA: Si lo hemos entendido bien, se ha creado una espiral viciosa en la que pasan imágenes por tu mente que por un lado no querrías ver y que, por tanto, tratas de desechar en vano, pero por otro esas mismas imágenes te atraen de tal forma que vas a buscarlas en la red sin

poder evitarlo, aumentando así su fuerza e intensidad, además de la variedad, hasta tal punto que contaminas tus interacciones con las jóvenes, que en tu imaginación se transforman en actrices pornográficas. ¿Es así?
Rocco: Sí.

Rocco sufre un trastorno obsesivo-compulsivo que consiste en la irrefrenable necesidad de mirar imágenes pornográficas que lo asustan y al mismo tiempo lo atraen, provocando en él un profundo sentimiento de culpa por la excitación que experimenta. Se ha aislado y ya no vive cosas de su edad, salvo cuando va al colegio. Ha eliminado toda la parte social y recreativa de su vida, y al carecer de ella ha creado un agujero de experiencia en la relación con los demás, esencial para el crecimiento personal y social, que, por otra parte, luego no se recuperará tan fácilmente. En el intento de defenderse de sorpresas indeseables, Rocco también ha eliminado cualquier tipo de conexión del móvil para no correr el riesgo de tener encuentros virtuales indeseados y solo ha mantenido activa la función de llamada.

Lo que resulta más problemático en este caso es el constante intento de Rocco de evitar esas espantosas imágenes, que de esta forma se vuelven cada vez más perturbadoras. Así que le pedimos al joven que encienda el ordenador una sola vez al día y que, estando solo, en su habitación, durante treinta minutos cada día, entre en uno de los sitios que suele evitar, mire las imágenes y haga lo que le apetezca. El joven nos mira aterrorizado, pero no dice nada. Sus padres, que confían en nosotros, salen del estudio con él, en silencio.

Rocco intentó seguir nuestra indicación, según nos cuenta al cabo de un tiempo, y quiso poner en práctica

lo que le pedimos, pero nunca lo consiguió: encendía el ordenador pensando que debía mirar los odiosos vídeos, pero después buscaba otras cosas. En alguna ocasión también entró en las redes sociales a curiosear en los muros de sus amigos y de sus viejos compañeros de fútbol, pero jamás logró hacer clic en el espantoso vídeo. Poco a poco se fue dando cuenta de que, a la vez que fracasaba en sus intentos, el pensamiento que antes tanto combatía y que lo atenazaba hasta invalidarlo cada vez se presentaba con menor frecuencia a lo largo del día, y que cuando aparecía se concentraba en los treinta minutos de visión cotidiana.
—¿Podría ser porque has dejado de combatirlos y te has concedido la posibilidad de afrontar tu miedo? ¿Sabes lo que quiero decir, Rocco? Con las compulsiones y las obsesiones sucede que «si te las concedes puedes renunciar a ellas, pero si no te las concedes se convierten en irrenunciables». Al mismo tiempo, permitiéndonos crear un canal preciso donde introducir las compulsiones, aumentamos el control sobre ellas hasta que, cuando nos concedemos la posibilidad de aplicarlas, también somos capaces de no ponerlas en práctica. Es decir, no solo no te has sentido abrumado por la necesidad de mirar los vídeos pornográficos, sino que cuando te has permitido hacerlo, no lo has hecho y has buscado otras cosas sin esfuerzo.

El joven está contento y parece visiblemente aliviado. Aún queda por remediar el aislamiento de sus coetáneos, a los que sigue a través de Instagram, pero con los que ya no tiene contacto, salvo con un amigo histórico con el que, en todo caso, solo se relaciona por WhatsApp. La interacción que más lo asusta es la del mundo femenino, y eso a pesar de que, al haber disminuido los pensamientos y al gestionar de forma distinta tanto la obsesión como la compulsión, ya no teme la idea de un eventual primer contacto, sino la anticipación de la posible intimidad posterior. En pequeñas dosis, hemos animado a Rocco a asumir pequeños riesgos para restablecer las actividades extraescolares y las relaciones, primero con sus amigos y después con el otro sexo. El objetivo ha sido facilitar aquello que la naturaleza hace cuando se le permite actuar y deja de estar controlada por la mente. Como es de suponer, el joven no ha tardado mucho en transformar sus interacciones en un amor tierno, romántico y sentimental, aunque con mayor conocimiento sobre lo que le puede gustar o no a una mujer.

Mario y su avatar: una doble personalidad

Las relaciones virtuales son una realidad cada vez más difundida y popular, de tal manera que si en el pasado existía el denominado *nave scuola* —en la época de nuestros abuelos solía estar representado por una prostituta y luego por una mujer de más edad y con mayor experiencia que enseñaban al joven inexperto los rudimentos del sexo— ahora los jóvenes aprenden en la red cómo comportarse con las chicas. Estas, a su vez, dada la falta de recursos de los jóvenes, que virtualmente son *tombeurs de femmes* pero que en la realidad resultan ser torpes, enseguida aprenden que es más sencillo cultivar su atractivo en la red que en el mundo real.

Mario es un joven que enseguida resulta, cuando menos, especial: singular en el aspecto y muy cuidado en su forma de vestir, afirma que necesita nuestra ayuda para curar su ansiedad, que a menudo raya en la depresión. Esto no significa que siempre esté agitado ni tan limitado como para ser definido como una «víctima del pánico», sino que, sobre todo en las situaciones emotivamente estimulantes, siente ansiedad y tiende a escapar, evita *a priori* y a veces se bloquea y se comporta como un tonto.

Le pedimos al joven que nos dé algún ejemplo de aquello que le crea dificultad y él, alzando los ojos y girándolos después como quien busca la respuesta en su interior, admite que las situaciones más difíciles son aquellas en las que está en contacto con las chicas. Nos confiesa que lo más extraño es que sabe perfectamente qué debe hacer si no fuera porque, cuando está delante de una mujer, es como si su cerebro se reblandeciera. Debido a esta reacción, y a pesar de que es un joven realmente atractivo, Mario no ha tenido ninguna relación amorosa ni sexual, salvo en la red: «Tengo una especie de avatar, al que he llamado @suXM… Él sí que sabe cómo comportarse con las mujeres: ¡no falla una! Es frío, indiferente, capaz de gestionar los imprevistos, y hace todo lo que le pido. Tiene un éxito que la mayoría de nosotros solo podría soñar».

Es interesante, porque Mario nos cuenta que en sus encuentros virtuales con las mujeres, tanto si son simples *chats* como *videochats*, su apodo es uno de los más pulsados, y no solo porque es guapo, sino también porque sabe lo que hay que hacer, según dicen. En cuanto a él, en general no siente ansiedad en el *chat* ni en la red.

Mario: No me vais a creer, pero cuando soy @suXM es como si me transformara en otra persona: me siento irresistible y, sin pensármelo, ¡funciono de maravilla! Lo hago de forma espontánea y soy tan desenvuelto que no fallo una. Pero cuando vuelvo a la realidad… allí todo es diferente.

Terapeuta: ¿Cómo te explicas que @suXM sea tan hábil y capaz de seducir, que resulte tan deseable mientras Mario se bloquea o escapa apenas siente el perfume de una chica? ¿Porque tiene miedo a fracasar? En el fondo, ¿sois o no la misma persona?

Mario: La verdad es que sí, somos… es decir, él es mi avatar, pero lo cierto es que soy yo, ¿entonces?

Le pedimos a Mario que durante dos semanas anote con precisión los momentos de dificultad que vive con las chicas. Se trata de una especie de «diario de a bordo», cuyo objetivo es vigilar qué sucede para que podamos seleccionar las técnicas más adecuadas para su caso. En cuanto a @suXM, que en la actualidad se entromete demasiado en la vida de Mario, como sucedía en *Avatar,* la película de James Cameron, tendremos que concentrar sus viajes virtuales para que aprenda a comportarse con las mujeres, dado el éxito que tiene con ellas.

Mario nos visita de nuevo al cabo de dos semanas tras haber hecho un descubrimiento que define como «iluminador» y que nosotros comprendemos al vuelo cuando consultamos su diario de a bordo. El joven se bloquea cuando se produce la comparación entre Mario y @suXM, en el sentido de que la fama de su avatar se ha difundido tanto en el mundo de la red que el temor a no corresponder a las expectativas que genera su éxito lo bloquea incluso antes de probar. Se trata de algo que solo sucede en él: cuando se relaciona con una joven en el mundo real se pregunta: «¿Y si no logro satisfacer sus expectativas? ¿Y si no soy tan capaz como él?». En pocas palabras, siempre surge la comparación, así que se inquieta y ni siquiera lo intenta.

Lo que realmente pone en dificultades a nuestro Mario no son las chicas, sino la comparación entre el ser real y el virtual: el primero siempre pierde frente al segundo porque aquel está convencido de su superioridad. Le pedimos a Mario que siga nuestro protocolo sobre el miedo, que aplicamos cada vez que este bloquea a una persona. Consiste en guiar a esta mientras imagina los peores escenarios que le vienen a la mente cuando piensa en aquello que teme, al principio en un espacio de treinta minutos al día en los que debe canalizar todo lo que le asusta, y después fraccionando la media hora en cinco minutos cada tres horas, cinco veces al día, hasta adquirir un instrumento que podrá utilizar en caso de necesidad, ya sea antes de hacer lo que le asusta o cuando sienta un miedo repentino (Nardone, Montano y Sirovic, 2012; Nardone, 2017).

Una vez que hemos enseñado a Mario a enfrentarse al miedo para transformarlo en valor (Nardone, 2003b), intervenimos combinando dos estrategias: la primera consiste en correr el pequeño riesgo de adoptar uno de los comportamientos seductores de @suXM en la vida real. En segundo lugar le pedimos que, en caso de que sienta mucha ansiedad, revele su perturbador secreto, es decir, que se disculpe ante la joven y que le diga que en este período se siente algo frágil o, incluso, que ella lo emociona tanto que lo inquieta, para que después siga haciendo lo que había comenzado a hacer. De esta forma, el joven superará su ansiedad en la mayoría de las situaciones. Si consigue revelar su tensión emotiva lo tranquilizará el hecho de que, si sus temores se apoderan de él, no tendrá que ocultarlos, pues la otra persona ya lo sabrá. Por último, aunque no menos importante, la joven se sentirá halagada al ver cómo ella lo emociona y lo agita, de tal forma que se mostrará más acogedora con él.

El resultado de la combinación de las dos indicaciones propuestas permitió a Mario entrenar su capacidad seductora y su habilidad con las chicas, de manera que cada vez necesitaba menos a @suXM, hasta que, poco a poco, lo abandonó. Además de robustecer su capacidad personal, Mario conoció a varias chicas, comprobó que les gustaba y al final eligió entre ellas a quien, a la postre, se convertiría en su mujer.

Si me dejas, te destrozaré: lo bueno y lo malo del *cloud*

El *cloud computing* o «computación en la nube» es un espacio de almacenaje virtual al que se puede acceder desde un ordenador o desde un teléfono móvil, donde los contenidos se almacenan, a menudo por defecto, para ser protegidos e impedir que se pierdan y para que perduren. Con frecuencia, las personas aprecian la primera y la segunda característica de este espacio, esto es, su capacidad para proteger los datos y tutelar su integridad, mientras que demasiado a menudo tienden a descuidar o a considerar solo algunos aspectos de la tercera cualidad del *cloud:* el hecho de que el contenido no se puede cancelar de manera definitiva.

Nos referimos a esta cuestión para introducir un caso en el que el *cloud* no solo es un instrumento de chantaje, sino sobre todo de conflicto y capaz de causar la ruptura de una relación sentimental-sexual.

Elena está casada con Sergio y la pareja tiene dos niños espléndidos. Se conocieron en la universidad y poco a poco la ternura de sus miradas se transformó en pasión amorosa. Hicieron todo «como debe ser»: salieron, se comprometieron y, cuando ambos terminaron la universidad con éxito y con buenas expectativas, se casaron, como Elena siempre había soñado. Al cabo de unos años del inicio de sus carreras decidieron tener dos hijos que el destino quiso que fueran un niño y una niña, y que nacieron con una diferencia de dos años entre uno y otro. Empezando desde cero, Sergio enseguida comenzó a subir a los puestos jerárquicos más altos de su empresa, a la que dedica enormes esfuerzos y energía sin por ello descuidar a su familia, a la que siempre ha considerado el centro de su vida. Elena, por su parte, vistos los compromisos de su marido y la tranquilidad económica, decidió hacer a un lado sus ambiciones profesionales para ser madre a tiempo completo.

Así pues, no hay ninguna nube en el horizonte de la pareja, que vive, desde hace al menos quince años, en una complicidad absoluta, tanto desde el punto de vista emotivo como sexual. Los dos se habían entendido siempre muy bien, y a pesar de las estadísticas, que estiman la frecuencia de las relaciones sexuales entre parejas consolidadas en no más de una y media al mes, no había día que no se buscaran.

Siendo así, ¿por qué hablamos de ellos? Al principio vino él solo para contarnos su feliz historia, que se empezó a torcer cuando, en una feria en la que ella también estaba presente, una intérprete le lanzó una mirada seductora sin que él se diera por aludido. A partir de ese momento su mujer desarrolló una auténtica paranoia contra él y empezó a acusarlo de infamias de diferente tipo, que él consideraba inmotivadas. Marido devoto y padre amoroso, está dispuesto a hacer todo lo posible para arreglar una situación que en ese momento ya es insostenible para todos, dado que ella lo acusa, a diario, de ser un traidor, un infame y un desgraciado, incluso delante de sus hijos, que ya son adolescentes.

Le damos las primeras indicaciones para bloquear unos comportamientos que, en el torpe intento de defenderse, parecen alimentar las paranoias de ella, más que aplacarlas. Le preguntamos si, en su opinión, su mujer estaría dispuesta a tener una conversación con nosotros para poder ayudarla de la mejor manera posible. Además, tener su punto de vista acerca de la situación permitirá que se sienta involucrada y evitará que, dada la paranoia que manifiesta, piense que estamos a favor de su marido. Queremos verla sola, al margen del siguiente encuentro que tengamos con él, para que sienta que le concedemos un espacio propio.

Él acepta encantado.

Ese mismo día, la mujer nos llama porque está deseando contar su propia versión —la auténtica, nos dice— de la historia. La recibimos a la semana siguiente. Furiosa, incluso antes de sentarse, nos lanza una serie de acusaciones contra el hombre a quien en ese momento le cuesta seguir llamando «marido». Una vez ha disminuido la crecida del río, le pedimos a Elena que nos lo cuente todo. Saca del bolso todas las pruebas que demuestran que lo que dice de su marido no es una paranoia, que no está tan loca como para haber llegado al punto de inventárselo todo, a pesar de que cree que va a enloquecer por culpa de ese desgraciado, al que, sin embargo, sigue queriendo con locura, aunque sin entender por qué. En el fondo, él es el padre amoroso de sus hijos, y a pesar de todo en la cama las cosas van de maravilla, así que cree que no va a poder estar sin él. Por una parte quiere vengarse, pero por otra no quiere perderlo, entre otras cosas porque «ahora se comporta bien; ha puesto punto final a todos esos asuntos y quiero creer en él; el problema es que no logro aceptar lo que ha hecho; por lo demás, ¿debería hacerlo?».

Nos cuenta varios engaños, gastos exorbitantes en regalos y para pagar los servicios de prostitutas caras y de hoteles de lujo que Sergio, a pesar de ganar mucho dinero, no puede permitirse, además de fiestas de alcohol y otras lindezas. En pocas palabras, da la impresión de que son dos parejas distintas que están viviendo dos realidades diferentes. Empezamos a aplicar las primeras maniobras para liberar la enorme rabia que ha acumulado la mujer y para tener su visión, aparentemente paranoica, de la realidad.

TERAPEUTA: Si no puedes vivir sin él no te queda más remedio que aguantar y dejar de difamarlo e insultarlo constantemente, de llamarlo cada dos por tres al trabajo, porque de esta manera corres el riesgo de convertirte en un disco rayado, que no va hacia delante ni hacia atrás, sino que salta sin parar.
ELENA: Haré lo que pueda.

También le pedimos a la mujer que cada día le escriba una carta a su marido expresándole todo lo bueno y lo malo que quiere decirle, incluso, si es necesario, entrando en detalles con los acontecimientos traumáticos, sin reprimir insultos y con reproches de cualquier tipo. Al cabo de un rato nos despedimos de ella en la puerta con algo que suena más o menos así:

Terapeuta: En tu opinión, ¿las personas cometen errores cuando saben que están estrechamente vigiladas y pueden estar en guardia o cuando se sienten a salvo de amenazas, es decir, cuando conseguimos que estén a gusto?

Elena: ¿La segunda?

Terapeuta: Exacto. Lo que pretendemos es que, logrando que se sienta fuera de peligro, si vuelve a producirse algo que debe ocultar, esto pueda emerger. No podemos borrar lo que ha sucedido, pero sí conseguir que el futuro vaya en la dirección que deseas.

Cuando vemos a Sergio nos parece más relajado que la vez anterior, aunque quizá sea por las indicaciones que le hemos dado a su mujer, que han terminado con las acusaciones constantes y han vuelto a poner al marido, en el buen sentido, en el centro de sus atenciones.

Tenemos otros dos encuentros separados con la pareja hasta que él debe ausentarse por motivos de trabajo durante tres semanas, de manera que fijamos la cita siguiente un mes después.

Se presentan ambos. Él parece un perro apaleado; ella, una amazona a punto de asestar un golpe mortal. Les pedimos que se sienten. Sergio mira al suelo; Elena nos mira directamente a los ojos.

«¡Hablaré yo! ¡Lo único que él debe hacer es callarse!».

Lo miramos; parece visiblemente apurado, no por las maneras de su mujer ni por lo que está sucediendo, sino por algo que ha hecho y que esta vez no puede negar. «Dejé de insultarlo y de remover el pasado, para que de nuevo se sintiera importante, y le dediqué unas atenciones que no le prestaba desde hacía tiempo... ¿Y qué hizo él? ¡Esto fue lo que hizo!». Elena coge el bolso, rebusca dentro y saca un móvil.

—Era de mi marido. Cuando salió de viaje por motivos laborales mi teléfono estaba roto. Fue tan amable que me regaló uno de los suyos. Pensé que era otra demostración de que no tenía nada que ocultar, aunque, naturalmente, antes lo había reajustado y dentro ya no quedaba nada suyo, salvo algunas fotos de perfil. En cambio, esta vez, y solo por casualidad, de veras, esto es lo que apareció cuando recibí el aviso de que había un nuevo vídeo cargado en *cloud*. ¡Mientras yo estaba en casa, con nuestros hijos, esperando a que volviera, él estaba ocupado con otros asuntos!

Elena activa el *cloud* de su teléfono mientras nos imaginamos el tenor de la grabación: le bastó oír los primeros gemidos para tener la prueba definitiva de que nunca había sufrido de paranoia; lo único que había hecho era tratar de desautorizar a un mentiroso que, a saber por qué juego perverso, había contribuido a desenmascararse pidiéndonos que curáramos a su mujer de un trastorno que él sabía inexistente.

Le dijimos a Elena que habíamos oído bastante. Lo miramos a él; se echó a llorar. A continuación, de manera extraña pero sin que nos sorprenda, ella posa su mano en la rodilla de él y la acaricia, como se hace para tranquilizar a alguien, como en el dilema del prisionero, donde para salvarse ambos deben declarar su culpabilidad sin importar si son culpables o inocentes mientras se fían de que el otro haga lo mismo para que les conmuten la mitad de la pena (Nardone y Balbi, 2008).

Terminada la escena, les preguntamos: «¿Qué debería cambiar en vuestras vidas para que pudierais decirnos

"Gracias por habernos ayudado"?», para comprobar si aún tienen un objetivo común sobre el que poder trabajar. Quieren seguir viviendo juntos y que él se cure de la necesidad irrefrenable de realizar fantasías eróticas con parejas virtuales que, como no le bastan, al final se convierten en mujeres concretas.

En su caso, la parte más excitante era volver a ver la película de sus devaneos eróticos. Sergio sufría de una compulsión basada en el placer de la visión de películas pornográficas que él mismo protagonizaba; había coleccionado varias grabaciones, como la que había descubierto su mujer. Con esta a su lado —que debe oírnos, porque parte de la terapia requiere que ella sea nuestra cómplice—, le prescribimos que, obligatoriamente, elija cada día tres vídeos grabados y que los mire hasta el final: uno por la mañana, mientras desayuna, otro a la hora de comer y el último como aperitivo vespertino. Él parece perplejo; su mujer, en cambio, lo ha entendido y le gusta la penitencia que le hemos impuesto, aunque se merezca perderla. Poco a poco reducimos la frecuencia de las visualizaciones a dos, luego a una al día, un día sí y uno no, hasta llegar a una vez por semana. Durante las semanas siguientes el hombre fue recuperando de manera progresiva el control de sus impulsos gracias a las citas que, por ser obligatorias, empezaron a generar una aversión creciente en vez de excitación.

Nos reunimos con ambos unas cuantas veces más, durante las cuales vimos crecer su complicidad. Él volvió a ser el empresario ambicioso y seguro de sí mismo que habíamos conocido en nuestro primer encuentro; ella, que antes ya era muy guapa, lo estaba aún más. Cuando él salió de la sala, ella nos dijo, como si nos susurrara al oído: «¡Menos mal que lo convencí para que se curara! Hacía años que sospechaba de él, pero sabía que, en cualquier caso, elegiría a la familia. Después apareció una que lo volvió loco, empecé a tener miedo de perderlo y dejé de dominar la situación, que después volví a controlar gracias a ustedes. Cuando le dije: "Si me dejas, te destrozaré", no se lo tomó en serio, pero después cometió un fallo y al final gané yo: esto es lo bueno y lo malo del *cloud*».

La filosofía de la masturbación: la descarga física que impide el estímulo psicológico

Eros tiene veintidós años y viene a vernos con un único deseo: quitarse la vida. Siempre se había considerado un joven guapo, capaz y con éxito, hasta que fue víctima de una emboscada de la naturaleza: falló durante el primer encuentro erótico con la mujer de su vida y esta reaccionó con una pregunta tan inoportuna como cruel: «¿No funcionas?». Eros, profundamente herido en su orgullo masculino, empezó a torturarse. La pregunta («¿No funcionas?») retumbaba en su cabeza como un taladro. ¿Y si vuelve a pasar? En un principio, el joven intentó demostrarse que solo había sido un incidente tonto y empezó a verse con muchas mujeres en encuentros casuales, lo que lo llevó a acumular un fracaso tras otro: cuanto más se esforzaba por funcionar, menos respondía el cuerpo a las exigencias de la mente. Para defenderse, empezó a retirarse en lo mejor inventando una excusa, con el resultado de que cuanto más huía, más lo perseguían las mujeres tratando de redimirlo o de cambiarlo.

A partir de ese momento entraron en juego los pensamientos suicidas: «Jamás conseguiré expresarme sexualmente como debo ni podré salir de esta trampa, así que más vale que termine con esto».

Además de la fuga depresiva, Eros se siente sexualmente incapaz, de manera que, para dominar sus instintos, practica cotidianamente la masturbación tres o cuatro veces ayudándose con películas de la red, como si fuera una obligación, lo que lo lleva a desarrollar un trastorno obsesivo-compulsivo basado en el placer. El problema se desplaza de la aparente funcionalidad inicial de la masturbación, que lo hace sentirse aún viril, a un comportamiento del que el joven no puede liberarse y que le impide curarse.

Protegiéndolo de la posibilidad de ponerse a prueba, la masturbación imposibilita afrontar y resolver el problema, así que le proponemos a Eros una ilusión de alternativa:
—Puedes seguir masturbándote para defenderte y protegerte, a pesar de que creemos que el resultado no es el que deseas, pues tienes pensamientos suicidas. Eres libre de hacerlo, pero si quieres enfrentarte al problema de la caída de la erección, y quieres que te ayudemos, debes interrumpir ese comportamiento que por un lado te descarga fisiológicamente y por otro bloquea a nivel psicológico el estímulo que deberías tener para facilitar el deseo. Todo esto alimenta un círculo vicioso, de manera que al final te seguirás encontrando más entrampado, involucrado, ahogado por tu obsesión.

Le prescribimos el visionado de películas pornográficas y que practicase el autoerotismo voluntariamente, de forma que la compulsión fuera obligada (Nardone y Portelli, 2015) una vez al día, durante una hora entera. «Conéctate a los sitios durante una hora y mastúrbate todo lo que puedas. Pasada la hora, para, incluso si estás en lo mejor. Debes hacer esto una hora al día».

Eros viene al segundo encuentro con un cambio importante: una vez ha comprendido la peligrosidad que reviste la compulsión, y abrumado por la constricción, ha dejado de navegar por internet una hora y ha tratado de hacerlo todo en cinco minutos. Algunos días, incluso, no ha sentido la necesidad de hacerlo. Le mantenemos la indicación dos semanas más, aunque reduciendo el espacio: «Puedes hacerlo todos los días durante el tiempo de una eyaculación. Además, ya no es una imposición, solo una posibilidad». Después abordamos el otro problema, es decir, la falta de erección o su caída, según los casos.

Dado que en el pasado Eros estudió filosofía, introdujimos la indicación siguiente inspirándonos en una historia del filósofo Montaigne, que habla de un hombre de cierta edad que temía no funcionar con una joven; el filósofo le sugirió que le contara su perturbador secreto para tranquilizarse, porque, de esa forma, si no funcionaba, la mujer no se sorprendería y él no quedaría en ridículo. En este sentido, le proponemos una versión moderna de la declaración que consiste en que, dado que él es muy bueno en los preliminares, debe prestar la máxima atención a la relación previa para que, después, en el momento de desenvainar la reluciente espada, pronuncie estas palabras: «Perdona, pero debo advertirte de que últimamente tengo problemas emotivos, así que es posible que no funcione contigo tan bien como me gustaría que fuera; por eso te pido que me disculpes de antemano». Luego debe observar lo que sucede.

El joven nos miró, ruborizado, así que, tras una pausa, añadimos: «Claro que, si sientes que vas a funcionar bien, no tienes por qué decirlo. Así que, si una vez allí notas que la ansiedad y el miedo superan cierto nivel y temes fracasar hasta el punto de correr el riesgo de perder la espada en el impacto, se lo dices. En caso contrario, puedes proseguir el combate». Él nos miró, sonrió y se fue.

Eros nunca llegó a revelar su problema, y cuando volvió a vernos nos contó que el caballero siempre había ganado el combate. Nos dijo que en las últimas tres semanas había tenido tres relaciones con éxito gracias a nuestra indicación.

La terapia prosiguió y Eros fue adquiriendo cada vez más seguridad en sí mismo, de forma que las experiencias positivas fueron en aumento y su obsesión compulsiva desapareció.

Volvió a sentirse guapo, capaz de tener éxito e incluso con una mayor conciencia respecto del pasado, hasta que la mujer con la que había fracasado por primera vez supo de sus artes amatorias e intentó seducirlo. Gracias a la seguridad que había conquistado, él la rechazó.

El círculo se cerró restableciendo unas dinámicas funcionales y constructivas en la relación de Eros con el mundo, con los demás y consigo; unas relaciones que cualifican la manera de funcionar del individuo que, a través de su interacción, define la estructura de su personalidad (Nardone y Watzlawick, 1990; Nardone y Balbi, 2015; Nardone, Balbi, Bartoletti y Vallarino, 2017; Nardone y Milanese, 2018).

Conclusión

Al final de este viaje por el insidioso laberinto del placer frustrado, el lector quizá se pregunte por qué no hemos abordado el tema de la dependencia de sustancias y de la ludopatía. En cuanto a la segunda, la respuesta es muy sencilla: en la actualidad no disponemos de una casuística lo suficientemente elevada como para poder elaborar un protocolo de tratamiento significativo. De hecho, hay que considerar que la puesta a punto de un modelo terapéutico específico para una patología requiere, desde nuestra perspectiva, una investigación-intervención aplicada a, al menos, cientos de sujetos, así como la verificación del resultado no solo al final del tratamiento, sino también en el mantenimiento de la curación a lo largo del tiempo. En el caso de la ludopatía, disponemos de unas técnicas potentes que, sin embargo, aún no se han validado de forma empírica, como las relativas a los demás protocolos de tratamiento elaborados en el Centro de Terapia Estratégica de Arezzo (Nardone y Watzlawick, 1990; Nardone, 1993, 2000, 2003a y b, 2005, 2009, 2010, 2012, 2016; Nardone, Gianotti y Rocchi, 2001; Nardone y Cagnoni, 2002; Nardone y Portelli, 2005, 2013; Nardone y Rampin, 2005; Nardone y Balbi, 2008, 2015; Nardone y De Santis, 2011; Nardone, Balbi, Bartoletti y Vallarino, 2017; Nardone y Valteroni, 2017).

En cuanto a la dependencia de sustancias, ya disponemos de un texto publicado sobre el tema (Portelli y Papantuono, 2017), obra de investigadores y psicoterapeutas estratégicos, así que hemos querido evitar repeticiones. Además, este texto está destinado a la ausencia del «placer natural» y no a los «paraísos artificiales» que representan «otro mundo» en el que la química de la sustancia consumida altera por completo las percepciones del individuo.

Así pues, nos hemos limitado a lo que conocemos bien gracias a nuestra prolongada experiencia de tratamientos eficaces en una casuística de miles de situaciones, que valida el método terapéutico y hace que las observaciones sobre el funcionamiento de dichos problemas sean fiables. Pero si se considera que estas representan, según palabras de Nietzsche, nuestro lado «humano, demasiado humano», que nos concierne a todos sin excepción, efectivamente podemos valorar la relevancia de este trabajo, que toca tanto nuestras dinámicas más íntimas como las emociones más universales.

Recordando de nuevo a Agustín de Hipona: «Nadie puede vivir sin placer» (Nardone, 2007).

Giorgio Nardone

Bibliografía

American Psychiatric Association (APA) (1995), *DSM-IV: Diagnostic And Statistical Manual Of Mental Disorders*, Washington, DC, APA [trad. cast.: *DSM-IV: Manual diagnóstico y estadístico de los trastornos mentales. Revisión del texto*, Barcelona, Masson, 1998].
— (2014), *DSM-5. Diagnostic And Statistical Manual Of Mental Disorders*, Washington, DC, APA [trad. cast.: *DSM-5: Manual diagnóstico y estadístico de los trastornos mentales. Quinta edición*, Arlington, Editorial Médica Panamericana, 2014].
Balbi, E. y Artini, A., (2009) *Curare la scuola. Il problem solving strategico per i dirigenti scolastici*, Milán, Ponte alle Grazie [trad. cast.: *Curar la escuela. El problem solving estratégico para profesionales de la educación*, Barcelona, Herder, 2011].
Balbi, E., Boggiani, E., Dolci, M. y Rinaldi, G. (2009), *Adolescenti violenti. Contro gli altri, contro se stessi*, Milán, Ponte alle Grazie [trad. cast.: *Adolescentes violentos. Con los otros, con ellos mismos*, Barcelona, Herder, 2013].
Barzaghi, G. (2009), *La Somma Teologica di San Tommaso d'Aquino. In compendio*, Bolonia, ESD.
Bateson, G. (1972), *Steps to an Ecology of Mind. Collected Essays in Anthropology, Psychiatry, Evolution and Epis-*

temology, Chicago, University of Chicago Press [trad. cast.: *Una unidad sagrada. Pasos ulteriores hacia una ecología de la mente,* Barcelona, Gedisa, 1993].

Bauman, Z. (2003), *Liquid Love. On the Frailty of Human Bonds,* Cambridge, Polity Press / Blackwell [trad. cast.: *Amor líquido: acerca de la fragilidad de los vínculos humanos,* Madrid, Fondo de Cultura Económica, 2005].

Bergami, L., Bossi, M., Ongaro, F., Rossi, P. L. y Speciani, L., en Nardone, G. y Valteroni, E. (eds.) (2014), *Dieta o non dieta. Per un nuovo equilibrio tra cibo, piacere e salute,* Milán, Ponte alle Grazie.

Borg, C. y De Jong, P. J. (2017), «Psychological approaches for low sexual arousal», en McKay, D., Abramowitz, J. S. y Storch, E. A. (eds.), *Treatments for Psychological Problems and Syndromes,* Hoboken, Wiley Blackwell.

Cantelmi, T., Putti, S. y Talli, M. (2001), *@psychotherapy. Risultati preliminari di una ricerca sperimentale italiana,* Roma, Edizioni Universitarie Romane.

Carnes, P. (1997), *Sexual Anorexia. Overcoming Sexual Self-Hatred,* Center City, Hazelden.

Carnes, P. (1998), «The Case for Sexual Anorexia. An interim report on 144 patients with sexual disorders. Sexual Addiction and Compulsivity», *The Journal of Treatment & Prevention* 5.

Castro, J., Ballester, R., Giménez, C. y Gil, B. (2017), «Comportamiento sexual *online* en adultos mayores», *Revista INFAD de Psicología,* «*International Journal of Developmental and Educational Psychology*» 2/2.

Cioran, E. M. (1986), *Syllogismes de l'amertume,* París, Gallimard [trad. cast.: *Silogismos de la amargura,* Barcelona, Tusquets, 1990].

Clement, U. (2014), *Systemische Sexualtherapie,* Stuttgart, Klett-Cotta.

Cooper, A. (1998), *Cybersex. The Dark Side of the Force,* Abingdon-on-Thames, Brunner / Routledge.

Cosmi, V., Pierleoni, L., Simonelli, C. y Fabrizi, A. (2009), «Cybersex: nuove forme di dipendenza sessuale», *Rivista di Sessuologia Clinica.*

D'Annunzio, G. (1990), *El placer,* Barcelona, Ediciones B.

Foucault, M. (2005), *Historia de la sexualidad 2: el uso de los placeres,* Madrid, Siglo XXI.

Foresta, C. (2018), «Uno studente su venti è malato di sesso. Studio dell'Università di Padova sul sex addiction», *Insalutenews.it,* octubre de 2018, https://www.insalutenews.it/in-salute/uno-studente-su-venti-e-malato-di-sesso-studio-delluniversita-di-padova-sulla-sex-addiction/

Garofalo, I., Lami, A., Manetti, D. y Roselli, A. (eds.) (1999), «Terapie ginecologiche, saperi femminili e specificità di genere», en *Aspetti della terapia nel Corpus Hippocraticum,* Actas del IX Coloquio Internacional Hipocrático, Pisa, 25-29 de septiembre, Florencia, Olschki, pp. 255-270.

Gates, K. (2000), *Deviant desires,* Nueva York, Juno Books.

Goethe, J. W. (2011), *Fausto,* Madrid, Cátedra.

Greiner, L., Padtberg, C. (2019), *Genitori elicottero. Come stiamo rovinando la vita ai nostri figli,* Milán, Feltrinelli.

Gueillette, J.-M. (2018), *Non c'è virtù senza piacere. La vita morale con san Tommaso d'Aquino,* Nápoles, EDI.

Hawkinson, K. y Zamboni, B. D. (2014), «Adult baby/diaper lovers. An exploratory study of an online community sample», *Archives of Sexual Behavior* 43/, pp. 863-877.

Hipócrates (1988), «Sobre la naturaleza de la mujer», en *Tratados hipocráticos 4,* Madrid, Gredos.

Houellebecq, M. (2019), *Sérotonin,* París, Flammarion [trad. cast.: *Serotonina,* Barcelona, Anagrama, 2019].

Kinsey, C. A., Pomeroy, W. B. y Martin, C. E. (1948), *Sexual Behavior in the Human Male,* Bloomington, Indiana University Press.

Kinsey, C. A., Pomeroy, W. B., Martin, C. E. y Gebhard, P. H. (1953), *Sexual Behavior in the Human Female,* Bloomington, Indiana University Press.

Longo, G. O. (2005), *Homo technologicus,* Milán, Meltemi.

Luhmann, N. (2017), *Sistemi sociali. Fondamenti di una teoria generale,* Bolonia, Il Mulino.

Maturana, H. y Varela, F. (2004), *De máquinas y seres vivos. Autopoiesis. La organización de lo vivo,* Barcelona, Lumen Humanitas.

McCarthy, E. (2009), *Discovering your Couple Sexual Style,* Londres / Nueva York, Routledge.

Metz, M. E. y McCarthy, B. W. (2007), «The good-enough sex model for couple sexual satisfaction», *Sexual and Relationship Therapy* 22/3, pp. 351-362.

Mordazzi, P. y Milanese, R. (2014), *Coaching strategico. Trasformare i limiti in risorse,* Milán, Ponte alle Grazie [trad. cast.: *Coaching estratégico. Cómo transformar los límites en recursos,* Barcelona, Herder, ²2012].

Muraro, G., «Ma davvero la masturbazione è un peccato così grave?», *Famiglia Cristiana.it,* 17 de mayo de 2018, http://m.famigliacristiana.it/articolo/ma-davvero-la-masturbazione-e-un-peccato-cosi-grave.htm

Nappi, R. E., Martini, E., Terreno, E., Albani, F., Santamaria, V., Tonani, S., Chiovato, L. y Polatti, F. (2010),

«Management of hypoactive sexual desire disorder in women: current and emerging therapies», *International Journal of Women's Health*, agosto de 2010, https://www.ncbi.nlm.nih.gov/pmc/articles/PMC2971736/

Nardone, G. y Watzlawick, P. (1990), *L'arte del cambiamento. Manuale di terapia strategica e ipnoterapia senza trance,* Florencia, Ponte alle Grazie [trad. cast.: *El arte del cambio. Trastornos fóbicos y obsesivos,* Barcelona, Herder, ^{7}2018].

Nardone, G. (1993), *Paura, panico, fobie. La terapia in tempi brevi,* Milán, Ponte alle Grazie [trad. cast.: *Miedo, pánico, fobias,* Barcelona, Herder, ^{2}2019].

Nardone, G. (2000), *Oltre i limiti della paura. Superare rapidamente le fobie, le ossessioni e il panico,* Milán, BUR [trad. cast.: *Más allá del miedo. Superar rápidamente las fobias, las obsesiones y el pánico,* Barcelona, Paidós Ibérica, 2003].

Nardone, G., Giannotti, E. y Rocchi, R. (2001), *Modelli di famiglia. Conoscere e risolvere i problemi tra genitori e figli,* Milán, Ponte alle Grazie [trad. cast.: *Modelos de familia. Conocer y resolver los problemas entre padres e hijos,* Barcelona, Herder, ^{5}2019].

Nardone, G. y Cagnoni, F. (2002), *Perversioni in rete. Le psicopatologie da internet e il loro trattamento,* Milán, Ponte alle Grazie [trad. cast.: *Perversiones en la red,* Barcelona, RBA, 2003].

Nardone, G. (2003a), *Cavalcare la propria tigre. Gli stratagemmi nelle arti marziali ovvero come risolvere problemi difficili attraverso soluzioni semplici,* Milán, Ponte alle Grazie [trad. cast.: *El arte de la estratagema,* Barcelona, Herder, ^{2}2017].

Nardone, G. (2003b), *Non c'è notte che non veda il giorno. La terapia in tempi brevi per gli attacchi di panico,* Milán, Ponte alle Grazie [trad. cast.: *No hay noche que no vea el día. La terapia breve para los ataques de pánico,* Barcelona, Herder, ⁴2019].

Nardone, G. y Salvini, A. (2004), *Il dialogo strategico. Comunicare persuadendo. Tecniche evolute per il cambiamento,* Milán, Ponte alle Grazie [trad. cast.: *El diálogo estratégico. Comunicar persuadiendo: técnicas para conseguir el cambio,* Barcelona, Herder, ³2016].

Nardone, G. (2005), *Correggimi se sbaglio. Strategie di comunicazione per appianare i conflitti di coppia,* Milán, Ponte alle Grazie [trad. cast.: *Corrígeme si me equivoco. Estrategias de diálogo en la pareja,* Barcelona, Herder, ⁷2019].

Nardone, G. y Portelli, C. (2005), *Knowing Through Changing. The Evolution of Brief Strategic Therapy,* Carmarthen, Crown House [trad. cast.: *Conocer a través del cambio. La evolución de la terapia breve estratégica,* Barcelona, Herder, ³2016].

Nardone, G. y Rampin, M. (2005), *La mente contro la natura. Terapia breve strategica dei problemi sessuali,* Milán, Ponte alle Grazie [trad. cast.: *La mente contra la naturaleza. Terapia breve estratégica para los problemas sexuales,* Barcelona, RBA, 2007].

Nardone, G., Loriedo, C., Zeig, J. y Watzlawick, P. (2006), *Ipnosi e terapie ipnotiche. Misteri svelati e miti sfatati,* Milán, Ponte alle Grazie [trad. cast.: *Hipnosis y terapias hipnóticas. Una guía que desvela el verdadero poder de la hipnosis,* Barcelona, RBA, 2008].

Nardone, G. (2007), *Cambiare occhi, toccare il cuore. Aforismi terapeutici,* Milán, Ponte alle Grazie.

Nardone, G. y Balbi, E. (2008), *Solcare il mare all'insaputa del cielo. Lezioni sul cambiamento terapeutico*, Milán, Ponte alle Grazie [trad. cast.: *Surcar el mar a espaldas del cielo. Lecciones sobre el cambio terapéutico y las lógicas no ordinarias*, Barcelona, Herder, ²2018].

Nardone, G. (2005), *Problem solving strategico da tasca. L'arte di trovare soluzioni a problemi irrisolvibili*, Milán, Ponte alle Grazie [trad. cast.: *Problem solving estratégico: el arte de encontrar soluciones a problemas irresolubles*, Barcelona, Herder, ⁷2019].

Nardone, G. (2009), *Problem solving strategico da tasca. L'arte di trovare soluzioni a problemi irrisolvibili*, Milán, Ponte alle Grazie [trad. cast.: *Problem Solving Estratégico. El arte de encontrar soluciones a problemas irresolubles*, Barcelona, Herder, ³2017].

Nardone, G. (2010), *Gli errori delle donne (in amore)*, Milán, Ponte alle Grazie [trad. cast.: *Los errores de las mujeres (en el amor)*, Barcelona, Paidós, 2011].

Nardone, G. y De Santis, G. (2011), *Cogito ergo soffro. Quando pensare troppo fa male*, Milán, Ponte alle Grazie [trad. cast.: *Pienso, luego sufro. Cuando pensar demasiado hace daño*, Barcelona, Paidós, 2012].

Nardone, G. y Selekman, M. D. (2011), *Uscire dalla trappola. Abbuffarsi vomitare torturarsi: la terapia in tempi brevi*, Milán, Ponte alle Grazie [trad. cast.: *Hartarse, vomitar, torturarse: la terapia en tiempo breve*, Barcelona, Herder, ²2020].

Nardone, G. (2012), *Aiutare i genitori ad aiutare i figli. Problemi e soluzioni per il ciclo della vita*, Milán, Ponte alle Grazie [trad. cast.: *Ayudar a los padres a ayudar a los hijos: problemas y soluciones para el ciclo de la vida*, Barcelona, Herder, 2015].

Nardone, G., Montano, A. y Sirovic, G. (2012), *Risorgere e vincere. Una storia di talento, tecnica e strategie mentali,* Milán, Ponte alle Grazie [trad. cast.: *Resurgir y vencer: una historia de talento, técnica y estrategias mentales,* Barcelona, Paidós Ibérica, 2013].

Nardone, G. (2013), *Psicotrappole. Le sofferenze che ci costruiamo da soli: riconoscerle e combatterle,* Milán, Ponte alle Grazie [trad. cast.: *Psicotrampas: identifica las trampas psicológicas que te amargan la vida y encuentra las psicosoluciones para vivir mejor,* Barcelona, Paidós Ibérica, 2014].

Nardone, G. y Portelli, C. (2013), *Ossessioni, compulsioni, manie. Capirle e sconfiggerle in tempi brevi,* Milán, Ponte alle Grazie [trad. cast.: *Obsesiones, compulsiones, manías. Entenderlas y superarlas en tiempo breve,* Barcelona, Herder, 2015].

Nardone, G. y Salvini, A. (2013), *Dizionario internazionale di psicoterapia,* Milán, Garzanti [trad. cast.: *Diccionario internacional de psicoterapia,* Barcelona, Herder, 2019].

Nardone, G. (2014a), *La paura delle decisioni. Come coltivare il coraggio di scegliere per sé e per gli altri,* Milán, Ponte alle Grazie [trad. cast.: *El miedo a decidir: cómo tener el valor de elegir,* Barcelona, Paidós Ibérica, 2016].

Nardone, G. (2014b), *L'arte di mentire a se stessi e agli altri,* Milán, Ponte alle Grazie [trad. cast.: *El arte de mentirse a sí mismo y de mentir a los demás,* Barcelona, Herder, 2016].

Nardone, G. (2015), *La nobile arte della persuasione. La magia delle parole e dei gesti,* Milán, Ponte alle Grazie.

Nardone, G. y Balbi, E. (2015), *The Logic of Therapeutic Change. Fitting Strategies to Pathologies,* Abingdon-on-Thames, Routledge.

Nardone, G. y Portelli, C. (2015), *Cambiare per conoscere. L'evoluzione della terapia breve strategica,* Milán, Feltrinelli.
Nardone, G. y Rampin, M. (2015), *Quando il sesso diventa un problema. Terapia strategica dei problemi sessuali,* Milán, Ponte alle Grazie.
Nardone, G. y Speciani, L. (2015), *Mangia, muoviti, ama. Uno psicologo e un medico insieme per insegnarti la nuova scienza dello stile di vita,* Milán, Ponte alle Grazie.
Nardone, G. (2016), *La terapia degli attacchi di panico. Liberi per sempre dalla paura patologica,* Milán, Ponte alle Grazie [trad. cast.: *La terapia de los ataques de pánico. Libres para siempre del miedo patológico,* Barcelona, Herder, 2016].
Nardone, G. (2017), *Sette argomenti essenziali per conoscere l'uomo,* Milán, Ponte alle Grazie [trad. cast.: *Siete cuestiones esenciales para conocer al ser humano,* Barcelona, Plataforma Editorial, 2019].
Nardone, G., Balbi, E., Bartoletti, M. y Vallarino, A. (2017), *Psicoterapia breve a lungo termine. Trattare con successo anche le psicopatologie maggiori,* Milán, Ponte alle Grazie [trad. cast.: *Psicoterapia breve a largo plazo,* Barcelona, Herder, 2019].
Nardone, G. y Valteroni, E. (2017), *L'anoressia giovanile. Una terapia efficace ed efficiente per i disturbi alimentari,* Milán, Ponte alle Grazie [trad. cast.: *La anorexia juvenil. Una terapia eficaz y eficiente para los trastornos alimentarios,* Barcelona, Herder, 2018].
Nardone, G. (2018a), «Relazioni o identità perduta», *Psicologia Contemporanea: Nuove Relazioni* 268, julio-agosto.

Nardone, G. (2018b), «Nuovi mondi, nuovi problemi, nuove soluzioni», *Psicologia Contemporanea: Nuove Tecnologie* 270, noviembre-diciembre.

Nardone, G. y Milanese, R. (2018), *Il cambiamento strategico,* Milán, Ponte alle Grazie [trad. cast.: *El cambio estratégico,* Barcelona, Herder, 2019].

Nardone, G. y Salvini, A. (2018), *International Dictionary of Psychotherapy,* Londres, Karnac Books.

Nardone, G. (2019a), *Emozioni: Istruzioni per l'uso,* Milán, Ponte alle Grazie [trad. cast.: *Emociones. Instrucciones de uso,* Barcelona, Herder, 2019].

Nardone, G. (2019b), «La scienza della trasgressione pianificata», *Psicologia Contemporanea: Trasgressione* 271, enero-febrero.

Nardone, G. y Bartoli, S. (2019), *Oltre se stessi. Scienza e arte della performance,* Milán, Ponte alle Grazie [trad. cast.: *Más allá de uno mismo. La ciencia y el arte de la performance,* Barcelona, Herder, 2019].

Nardone, G. y Milanese, R. (2019), «Le trasgressioni eretiche della psicoterapia breve strategica», *Psicologia Contemporanea: Trasgressione* 271, enero-febrero.

Nietzsche, F. (2011), *Also sprach Zarathustra,* Nikol [trad. cast.: *Así habló Zaratustra: un libro para todos y para nadie,* Madrid, Alianza Editorial, 2019].

Oliverio, A. (2019), «Ghosting», *Psicologia Contemporanea: Trasgressione* 271, enero-febrero.

Orenstein, P. (2016), *Girls & Sex: Navigating the Complicated New Landscape,* Londres, Oneworld Publications.

Ovidio (2019), *Arte de amar; Amores,* Madrid, Cátedra, 1993.

Pirandello, G. (1926), *Uno, nessuno, centomila,* Florencia, Bemporad [trad. cast.: *Uno, ninguno y cien mil,* Barcelona, Acantilado, 2004].

Platón (1988), *Banquete,* Barcelona, Labor.
Portelli, C. y Papantuono M. (2017), *Le nuove dipendenze,* San Paolo, Cinisello Balsamo.
Quattrini, F. (2013), *Non smettere di giocare,* Milán, TEA.
Quattrini, F. (2015), *Parafilie e devianza. Psicologia e psicopatologia del comportamento sessuale atipico,* Florencia, Giunti.
Ricci, C. (2017), *Hikikomori. Adolescenti in volontaria reclusione,* Milán, Franco Angeli.
Rowland, D. L., Sullivan, S. L., Hevesi, K. y Hevesi, B. (2018), «Orgasmic Latency and Related Parameters in Women During Partnered and Masturbatory Sex», *The Journal of Sexual Medicine* 15, pp. 1463-1471.
Sales, N. J. (2017), *American Girls. Social Media and the Secret Lives of Teenagers,* Nueva York, Vintage Books.
Selvini, M., Boscolo, L., Cecchin, G. y Prata, G. (1975), *Paradosso e Controparadosso,* Milán, Feltrinelli.
Sirigatti, S., Stefanile, C. y Nardone, G. (2008), *Le scoperte e le invenzioni della psicologia. Un viaggio attraverso le ricerche più significative sull'uomo e il suo agire,* Milán, Ponte alle Grazie [trad. cast.: *El descubrimiento y los hallazgos de la psicología. Un viaje a través de la mente humana,* Barcelona, Paidós Ibérica, 2011].
Soriano, G. (2010), *Finché c'è vita non c'è speranza. Diario aforistico 2003-2009,* Mesina, Kimerik.
Squillace A. (2003), *La comunicazione in rete: relazioni e sesso virtuali,* tesis doctoral, Nápoles, Università degli studi di Napoli Federico I.
Squillace A. (2009), «Chi è l'utente di sesso virtuale? I forum di discussione su tematiche sessuali)», en Capecchi, S. y Ruspini, E. (eds.), *Media, corpi, sessualità. Dai corpi esibiti al cybersex,* Milán, Franco Angeli.

Tamaki, S. (2013), *Hikikomori: Adolescence Without End*, Mineápolis, University of Minnesota Press.

Tognazzi, G. (2008), «La concezione biologica della donna nel Corpus Hippocraticum: dalla teoria alla terapia», *Genre & Histoire* 2, primavera, http://journals.openedition.org/genrehistoire/331

Twenge, J. M. (2018), *iGen: Why Today's Super-Connected Kids Are Growing Up Less Rebellious, More Tolerant, Less Happy and Completely Unprepared for Adulthood and What That Means for the Rest of Us,* Nueva York, Atria Books.

Varela, F. y Benvenuto, S. (2017), «La coscienza nelle neuroscienze. Intervista a Francisco Varela», en *Pol.it,* 25 marzo, http://www.psychiatryonline.it/node/6701

Veneziani, M. (2010), *Amor fati. La vita tra caso e destino,* Milán, Mondadori.

Vrioni, I. (2017), *Hikikomori. Nuova forma di isolamento sociale,* Youcanprint.

Watzlawick, P. (ed.) (^{11}2019), *¿Es real la realidad?,* Barcelona Herder.

Watzlawick, P. (1990), *La realidad inventada. ¿Cómo sabemos lo que creemos saber?,* Barcelona, Gedisa.

Weakland, J.H., Watzlawick, P. y Fish, R. (1978), *Change. Sulla formazione e la soluzione dei problemi,* Casa Editrice, Astrolabio, Roma.

Weinstein, A. M., Zolek, R., Babkin, A., Cohen, K. y Lejoyeux, M. (2015), «Factors predicting cybersex use and difficulties in forming intimate relationships among male and female users of cybersex», *Frontiers in Psychiatry,* 20 de abril, https://doi.org/10.3389/fpsyt.2015.00054

Wilde, O. (2015), *Tutti i raconti,* Milán, Newton Compton.

Wilde, O. (2019), *Aforismos,* Sevilla, Renacimiento.

Young, K. S. (2001), *Tangled in the Web: Understanding Cybersex from Fantasy to Addiction,* Bloomington, AuthorHouse.

Prospect Heights Public Library
12 N Elm Street
Prospect Heights, IL 60070
www.phpl.info